북극곰도 모르는 북극 이야기

북극곰도 모르는 북극 이야기

초판 1쇄 2007년 8월 28일 | **초판 16쇄** 2024년 5월 20일

글 박지환 | **그림** 김미경

편집 이세은 · 차정민 | **마케팅** 강백산 · 강지연 | **디자인** 곰곰디자인 · 조희정

펴낸이 이재일

펴낸곳 토토북 04034 서울시 마포구 잔다리로7길 19, 3층(서교동, 명보빌딩)

전화 02-332-6255 | **팩스** 02-6919-2854

홈페이지 www.totobook.com | **전자우편** totobooks@hanmail.net

출판등록 2002년 5월 30일 제2002-000172호

ISBN 978-89-90611-45-1 73450
         978-89-90611-54-3 74400(세트)

ⓒ 박지환, 김미경 2007
이 책은 저작권법에 의해 보호를 받는 저작물이므로 무단 전재 및 복제를 금합니다.
잘못된 책은 구입하신 곳에서 바꾸어 드립니다.

제품명: 북극곰도 모르는 북극 이야기 | **제조자명**: 토토북 | **제조국명**: 대한민국 | **전화**: 02-332-6255
주소: 서울시 마포구 잔다리로7길 19, 3층(서교동, 명보빌딩) | **제조일**: 2024년 5월 20일 | **사용연령**: 8세 이상

* KC 인증 유형: 공급자 적합성 확인
* KC마크는 이 제품이 공통안전기준에 적합하였음을 의미합니다.

⚠ **주의** 책의 모서리에 다치지 않게 주의하세요.

북극곰도 모르는 북극 이야기

지구의 마지막 보물 창고 북극으로 떠나자

박지환 글 | 김미경 그림

추 천 의 글

북극 탐험을 떠나자!

'북극곰 멸종 위기에 처하다'
'빠르게 녹고 있는 북극 빙하, 금세기 안에 사라질 수도…'
'높아지는 지구 온도, 북극 생태계 파괴 심각!'

　최근 환경·기후 문제를 다루는 기사 안에 거의 빠지지 않고 들어가는 단어가 바로 '북극'입니다. 북극이 지구의 기후 변화를 예측하는 가장 중요한 장소이기 때문이지요. 이 때문에 지금 북극은 후끈 달아올랐습니다. 북극이 우리 여름처럼 뜨거워졌냐고요? 그건 아니에요. 북극의 날씨가 우리 여름철과 같다면 정말 큰일이지요. 북극이 달아오른 이유는, 바로 밤낮없이 북극을 연구하는 과학자들의 열기 때문이랍니다.
　사방을 둘러봐도 얼음 덩어리와 눈밖에 보이지 않는 북극에서 대체 과학자들은 무엇을 그리 열심히 연구하고 있는 것일까요? 궁금한 사람은 박지환 아저씨가 쓴 《북극곰도 모르는 북극 이야기》를 펼쳐 보세요.

이 책엔 '북극' 하면 가장 먼저 떠오르는 거대한 빙하의 모습과 북극의 여름철 풍경을 비롯해 우리나라 북극 연구 기지인 다산과학기지 모습, 기지 근처에 사는 귀여운 여우와 기러기 가족의 모습, 북극의 다양한 식물과 곤충 등 그동안 우리가 볼 수 없었던 북극의 여러 모습이 담겨 있습니다. 또한 북극의 생태계를 세심히 관찰하고 연구하는 과학자들의 이야기도 있지요. 과학자들은 차가운 얼음 속에서도 살아 있는 미생물을 찾아 연구하는 일도 합니다. 박지환 아저씨도 이번 북극 탐험 기간 동안 저와 함께 북극 미생물을 채취하는 아이스코어링 작업을 해 보았지요.

현재 북극은 세계의 주목을 받는 곳이 되었습니다. 앞에서 말한 것처럼 지구 환경 변화를 가장 빨리 예측할 수 있는 장소일 뿐만 아니라, 석유를 비롯한 광물 자원과 수산자원이 풍부한 곳이기 때문입니다. 그래서 선진국들은 북극 개발에 힘을 쏟고 있습니다. 이래저래 북극은 우리에게 가장 소중한 곳이 되었답니다.

우리나라도 북극의 중요성을 인식해서 2002년 국제북극과학위원회(IASC)에 정회원국으로 가입하여 북극 스발바르 군도에 '대한민국 다산기지'를 세웠지요.

그럼, 어린이 여러분, 이제 박지환 아저씨와 함께 순수한 자연의 모습을 간직한 북극 탐험을 떠나 볼까요? 북극의 다채로운 자연환경과 그 곳에서 열심히 연구하는 수많은 과학자와 탐험가의 모습을 통해 여러분 가슴에 도전정신과 개척정신을 키워 나가길 바랍니다.

강성호(한국해양연구원 극지생물해양연구부 부장·이학 박사)

차례

8 북극 빙하 속에 지구의 미래가 보여요

북극으로 떠나요

12 북극으로 출발!
14 와~ 북극이 보인다
18 북극 연구의 중심지, 니알슨 기지촌
24 앗! 연구 장비를 잃어버렸어요

북극을 소개합니다

28 북극은 어디 있을까?
32 북극을 찾은 위대한 탐험가들
44 어마어마하게 큰 빙하
46 빙하 탐험을 떠나자!
51 북극 얼음이 사각사각, 팥빙수 같아요
56 빙하 물을 꿀꺽 꿀꺽
62 태양아, 제발 저리 가 줘~
66 북극의 커튼 오로라
68 공룡 화석을 찾았어요
72 북극에도 봄, 여름, 가을, 겨울이 있어요

북극에는 누가 살까?

- 80 북극곰아 어디 있니?
- 86 여우야, 안녕!
- 91 북극에 꽃이 피었습니다!
- 98 부지런한 북극의 곤충들
- 101 북극 바다의 천사 클리오네
- 104 가장 덩치가 큰 북극고래
- 110 북극에 사는 사람들

지구를 살리는 북극

- 116 북극해는 자원의 보고
- 119 빙하가 녹으면 지구는 힘들어요
- 124 북극은 지금 자원 전쟁 중
- 126 지구의 기후를 만드는 북극
- 130 다산기지에서 만난 사람들
- 133 북극은 앞으로 어떻게 변할까?

북극 빙하 속에 지구의 미래가 보여요

어린이 여러분은 '북극' 하면 뭐가 가장 먼저 생각나나요? 대부분의 사람들은 거대한 얼음 덩어리인 '빙하'가 가장 먼저 생각난대요. 아저씨도 수천, 수십만 년 동안 내린 눈이 쌓이고 쌓여서 단단하게 얼어붙은 빙하가 가장 먼저 떠올랐어요. 그리고 세상 모든 것을 꽁꽁 얼릴 것 같은 아주 차가운 바람과 바로 앞도 볼 수 없을 정도로 엄청나게 많이 내리는 눈이 떠올랐지요. 그래서 아저씨는 북극 다산과학기지로 떠나기 전에 두꺼운 양말과 고글, 그리고 방한복까지 몸을 따뜻하게 해 줄 장비를 모두 준비했어요.

아저씨는 북극 탐험을 떠날 때 북극의 미생물을 연구하는 조기웅 박사님과 극지 식물을 연구하기 위해 온 서효원 박사님, 그리고 곤충을 연구하는 김충곤 박사님과 함께 갔어요. 아저씨는 곤충 박사님의 이름을 듣는 순간 크게 웃고 말았어요. 박사님의 '충곤'이란 이름을 거꾸로 하면 '곤충'이 되잖아요. 박사님의 부모님이 이름을 너무 잘 지으셨죠?
이 외에도 해양 생물을 연구하는 김동성 박사님, 하늘의 대기를 연구하는 포항공대의 장윤석 박사님도 함께 갔어요.
여러 분야의 박사님들이 북극 탐험에 나선 이유는 북극에 사는 다양한 식물, 동물, 곤충, 미생물 자원을 연구하기 위해서예요. 북극 환경 연구는 곧 우리 지구의 미래를 위하는 일이라는 것을 여러분은 알고 있나요?
자, 그럼 춥지 않게 옷을 차려입고 아저씨와 함께 북극으로 출발해 볼까요?

북극으로 떠나요

북극으로 가는 비행기를 타니 가슴이 두근두근 뛰었어요.
북극에 간다는 설레임도 있었지만 북극이 너무 추워서
비행기가 얼어버리면 어쩌나 하는 걱정도 들었거든요.

과연 북극에 잘 도착할 수 있을까요?

북극으로 출발!

북극으로 가는 길은 생각보다 복잡했어요. 북극까지 가는데 2박 3일이나 걸린 데다가 비행기도 여러 번 갈아타야 했거든요. 너무 오랫동안 비행기를 타서 다리에 쥐가 날 지경이었지만 많은 사람들이 가 보지 못한 곳에 간다는 설레임에 꾹 참았어요.

인천공항에서 비행기를 타고 10시간 이상을 날아 영국 히스로 공항까지 갔어요. 여기서 노르웨이 오슬로 공항으로 가는 비행기로 갈아탔지요. 오슬로에 도착해서는 공항 근처 호텔에서 하룻밤 묵었는데, 그곳의 날씨는 꼭 우리나라 가을처럼 싸늘했어요. 서울에서 출발할 때 입고 갔던 여름옷을 그곳에서는 입을 수가 없었지요. 다음 날 호텔에서 나올 때는 모두 겨울옷으로 갈아입어야 했어요. 북극 가까이에 왔다는 걸 실감할 수 있었지요. 하지만 목적지인 다산과학기지까지는 아직도 멀었어요.

오슬로 공항에서 비행기를 타고 트롬소라는 도시까지 간 뒤 다시 비행기를 갈아타고 롱이어비엔이라는 도시로 가야 했거든요.

와~ 북극이 보인다

롱이어비엔에 도착하니 이젠 정말 다산기지에 다 온 것 같은 기분이 들었어요. 공항에서 산봉우리와 산등성이를 바라보니 빙하가 여기저기 보이기 시작했거든요.
하지만… 마지막 비행기가 남아 있었답니다. 작은 경비행기를 타는 것으로 비행기 여행은 드디어 끝! 야호!
경비행기의 창을 통해 아래를 보니 북극의 바다는 온통 빙하로 뒤덮여 있었어요. 땅, 바다, 산 모두가 빙하 세상이었지요.
하지만 빙하는 생각했던 것만큼 깨끗하진 않았어요.

황갈색 진흙 띠도 보이고 군데군데 바위 덩어리도 많았어요. 그래서 조금 실망했지요. 북극은 새하얀 눈이 온 세상을 덮고 있을 거라 상상했거든요.
약 30분 정도를 날아 우리는 북극 다산과학기지가 있는 니알슨 과학 기지촌 비행장에 도착했어요. 경비행기만 뜨고 내릴 수 있는 작은 곳이었는데 이번 북극 탐험의 책임자인 강성호 대장님이 마중을 나와 주었어요. 강성호 대장님은 다른 연구원들이 연구하는 데 불편함이 없도록 연구에 필요한 물품을 가지고 일주일 먼저 도착해 있었지요.
참, 북극 다산과학기지에는 남극 세종과학기지처럼 1년씩 머무르는 연구원들이 없어요.

대부분 한 달 정도만 머무르면서 연구에 필요한 생물이나 동물,
곤충과 미생물을 채집해 가지요. 가끔 식물의 싹이 나고 자라는
모습을 관찰하기 위해 3~4개월 정도 머무르는 과학자 아저씨들도
있긴 하지만요.
나는 강성호 대장님과 반갑게 인사를 나눈 뒤 차를 타고
다산과학기지로 이동했어요. 차를 타는 내내 울퉁불퉁한
비포장도로를 달리느라 엉덩이가 너무 아팠지만 싱글벙글 웃음을
감출 수가 없었어요. 우리나라와 멀리 떨어진 북극에서 국산

자동차를 탄다는 사실에 마음이 뿌듯했거든요.
게다가 비행기를 오래 타서 좀 힘들긴 했지만 '태어나서 북극에 올 수 있는 사람이 과연 얼마나 될까?' 하는 생각에 금세 기분이 즐거워졌죠.

청소년 북극 탐험대
한국해양연구원 부설 극지연구소 KOPRI에서는 청소년을 대상으로 북극지방을 체험하고 오는 북극 탐험대를 해마다 모집해요. 과학자, 탐험가와 함께 북극 다산과학기지에서 북극에 대해 직접 알아보고 올 수 있는 좋은 기회랍니다. 그런데 아쉬운 건 중, 고등학생만 탐험대에 지원할 수 있대요. 하지만 지금 이 책을 읽어 본 어린이라면 훗날 북극 탐험대에 한 번에 합격할 거예요! 자세한 정보는 www.kopri.re.kr에서 얻을 수 있습니다.

북극 연구의 중심지, 니알슨 기지촌

다산과학기지는 니알슨 과학 기지촌 안에 있어요.
니알슨 과학 기지촌은 원래는 석탄을 캐는 탄광촌이었지만 지금은 북극의 자연환경과 북극에 사는 동식물을 연구하기 위한 국제 과학 기지촌으로 사용되고 있어요. 이 곳에는 우리나라뿐만 아니라 노르웨이, 영국, 독일, 프랑스, 일본, 이탈리아, 중국 등의 연구 기지가 함께 있어요.
니알슨 과학 기지촌의 운영은 노르웨이의 킹스베이 회사가 하고 있어요. 과학 기지촌의 모든 시설을 관리하고 연구원들에게 음식을 제공하는 일을 하고 있지요.
나는 니알슨 과학 기지촌이 공상과학영화에 나오는 이상한 모양의

건물들로 가득한 곳이 아닐까 상상했었는데, 도착해 보니 기지촌에는 나무와 벽돌로 지은 평범한 건물들뿐이었어요. 기지 주변의 환경을 오염시키지 않으려고 일부러 나무와 벽돌 같은 자연적인 재료를 써서 지은 거라고 해요. 집을 짓는데 필요한 모든 재료는 노르웨이 본토에서 가져온 것이고요. 북극에는 나무도 자라지 않고 벽돌을 만드는 공장도 없거든요.
이곳 건물의 또 다른 특징은 눈이 많이 와도 지붕 위로 눈이 쌓이지 않도록 지붕의 기울기가 심하다는 거예요. 겨울철이면 북극지방에는 눈이 엄청나게 많이 오는데 지붕이 평평하면 눈이 금세 쌓여 그 무게를 감당할 수가 없거든요.

우리나라도 눈이 조금 오는 남부지방에 있는 집들의 지붕 기울기는 완만하고, 눈이 많이 오는 강원도 지역에 있는 집들의 지붕 기울기는 가파르답니다.

아저씨가 이곳에 도착해서 가장 먼저 한 일은 '입소신고'였어요. 어떤 목적으로 기지를 방문했는지를 비롯해 직업과 머무는 기간 등을 자세하게 써야 했지요. 자연환경을 파괴하지 않겠다는 내용의 서류에도 사인을 했어요. 신고를 마치고 난 뒤에 강성호 대장님으로부터 기지 안에서 지켜야 하는 규칙에 대해 들었어요. 가장 중요한 규칙은 자연환경을 파괴하는 행동을 해서는 안 된다는 것이었지요.

강성호 대장님은 관리 기지 안내도 해 주셨는데 기지 안에는 세계 각국의 과학자들이 함께 쓰는 식당, 세탁실, 휴게실 그리고 쓰레기 처리장이 있었어요. 각각의 기지마다 세탁실과 쓰레기 처리장을 따로 두지 않는 건 북극의 환경을 보호하기 위해서라고 해요. 이를테면 한 곳에서 세탁을 해야 더러운 물을 정화하기가 쉽거든요. 세탁기용 세제도 환경 파괴를 막기 위해 친환경 세제만 사용하고요.

식당 창문을 통해 밖을 바라보니 다산기지 옆의 피오르가 한눈에 들어왔어요. 물론 빙하도 볼 수 있었고요. 식당 바로 앞마당에는 작은 식물들이 꽃을 피우고 있었고, 기러기들이 갓 부화한 새끼들을 데리고 다니는 모습도 보였어요. 털도 제대로 나지 않은 새끼 기러기들이 어미 기러기를 따라 아장아장 걷는 모습이 무척 귀여웠지요.

피오르가 뭘까요?

북극 산 위에 내린 많은 눈은 오랜 세월 동안 쌓여 빙하가 돼요. 시간이 지나면서 빙하는 중력의 힘 때문에 산 아래로 내려와 웅덩이를 만들고, 그 웅덩이에 바닷물이 들어와 만들어지는 것이 바로 피오르랍니다.

관리 기지를 다 둘러본 뒤엔 다산기지에서 쓸 이불과 수건을 받아 나왔어요. 관리 기지에서는 여러 나라 기지의 사람들이 사용할 물건도 빌려준답니다.
드디어 최종 목적지인 다산과학기지로 갈 수 있게 되었습니다!
다산과학기지 안에는 대원들이 숙소로 사용하는 방 10개와 휴게실, 라면이나 간단한 음식을 만들 수 있는 식당, 그리고 다산기지

주변에서 채집한 식물과 곤충, 동물과 미생물을 연구할 수 있는 실험실과 연구 장비를 보관하는 창고가 있었어요.
나는 다산과학기지 안에 들어선 순간 왠지 모르게 편안한 기분이 들었어요. 우리 기지라 그런지 처음 온 곳인데도 낯설지가 않았어요. 기지 안에 서서 마음속으로 '대한민국 다산과학기지 파이팅!' 하고 힘차게 외쳤답니다.

앗! 연구 장비를 잃어버렸어요

다산과학기지에 도착하자마자 '쿨쿨' 잠부터 잤어요. 비행기를 오래 타서 피곤했거든요. 아마 기지 안이 시끄럽지 않았다면 종일 잤을지도 몰라요.

그런데 갑자기 복도에서 소란스런 소리가 들리지 뭐예요. 나는 잠에서 깨, '무슨 일이지?' 하고 나가보았지요. 가 보니 글쎄 한 연구원 아저씨의 연구 장비가 기지에 도착하지 않았다는 거예요. 장비가 있어야 기지 주변 바닷속에 사는 미생물을 채취할 수 있는데 말이에요. 장비가 없으면 아무 일도 못하고 그냥 돌아가야 하니 큰일이었지요.

장비의 주인인 연구원 아저씨는 부랴부랴 오슬로 공항에 전화를 했어요. 그 전화를 받은 항공사 직원은 잠깐 기다리면 확인해 보고 바로 연락해 주기로 하고서는 2시간이나 지나서야 연락을 주었어요. 다행히 장비는 영국 히스로 공항에 있다면서 장비를 받으려면 이틀 정도 기다려야 한다고 했지요. 모두들 장비를 찾을 수 있다는 생각에 마음을 놓기는 했지만 사과도 하지 않고 별일 아니라는 듯 대답한 공항 직원의 태도 때문에 기분이 언짢았어요. 그때 나는 '전자태그(RFID) 서비스'가 빨리 시행되면 이런 일이 없을텐데하고 생각했어요. 전자태그 서비스란 물건을 자동차, 배, 비행기 등에 실어 먼 곳으로 운반할 때, 그 물건에 무선 수신기를 부착해서 운반 중인 물건의 위치, 손상 상태 등을 실시간으로 확인할 수 있게 해 주는 것이에요. 우리나라에서는 현재 시범 서비스를 하고 있다고 하니, 조만간 이 서비스를 이용할 수 있을 거예요. 그럼 해외 여행을 갈 때 짐을 잃어버릴 걱정은 안 해도 되겠지요?

북극을 소개합니다

북극은 지구에서 가장 추운 곳 중의 하나예요.
하지만 북극에도 봄과 여름이 찾아온답니다.
얼음이 녹아 졸졸 시냇물이 흐르고 작지만 고운 꽃도 피고요.

빙하 뒤에 가려진 북극의 진짜 모습을 함께 찾아 볼까요?

북극은 어디 있을까?

지구는 태양의 주위를 돌아요. 혼자서도 빙빙 돌지요. 이렇게 지구가 태양의 주위를 도는 것을 공전이라고 하고 혼자 도는 것을 자전이라고 해요.

지구는 팽이처럼 중심에 '축'을 가지고 있어요. 이 축을 '자전축'이라고 하는데 자전축을 중심으로 지구는 하루에 한 바퀴씩 빙빙 돌아요. 이 자전축의 두 끝 중 위쪽을 북극점이라고 하고, 아래쪽을 남극점이라고 해요.

지도를 보세요. 지도의 중앙에 있는 북극점이 보이나요? 북극은 바로 이 북극점을 중심으로 지도 위에 표시된 원 안의 모든 지역을 말해요. 북극해와 북극해를 둘러싼 시베리아, 북유럽, 캐나다,

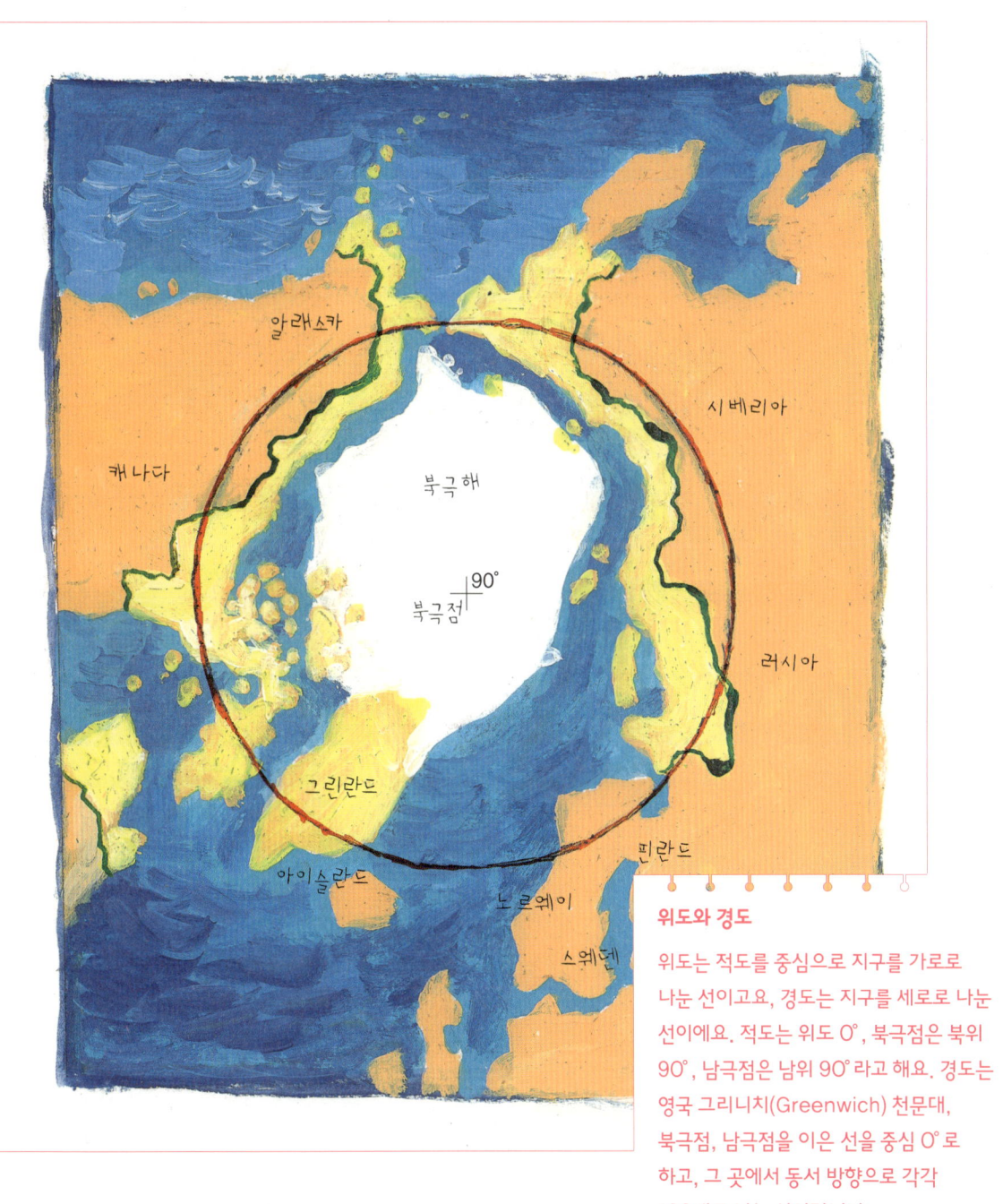

위도와 경도

위도는 적도를 중심으로 지구를 가로로 나눈 선이고요, 경도는 지구를 세로로 나눈 선이에요. 적도는 위도 0°, 북극점은 북위 90°, 남극점은 남위 90°라고 해요. 경도는 영국 그리니치(Greenwich) 천문대, 북극점, 남극점을 이은 선을 중심 0°로 하고, 그 곳에서 동서 방향으로 각각 180개로 나눈 선이랍니다.

알래스카, 그린란드, 아이슬란드의 일부 지역을 포함한 광대한 지역이지요.

북극의 면적은 2,500만~3,000만㎢예요. 그 중 북극해가 약 1,400만㎢ 넓이로 북극의 대부분을 차지하지요. 그 나머지는 북극해 주변의 대륙이고요. 위도 60°에서 극점까지의 육지 말이에요. 우리 한반도의 면적이 약 22만㎢이니 북극이 얼마나 넓은지 짐작이 가지요?

자, 그럼 이번에는 다른 방법으로 북극의 위치를 알아볼까요.

북극의 주인은 누구?
북극해를 제외한 북극의 육지는 모두 주인이 있어요. 스발바르제도는 노르웨이 영토, 프란츠 조셉 지역은 러시아 영토, 그린란드는 덴마크의 영토이지요.

남극의 주인은 누구?
남극은 북극과 달리 주인이 없는 땅이에요. 그래서 남극대륙은 남극조약에 의해 보호받고 있지요.

지구는 적도를 중심으로 남쪽과 북쪽을 향해 갈수록 점점 추워져요. 그래서 어느 지점에 이르면 나무가 한 그루도 자랄 수 없을 정도로 추워져요. 이러한 지점들을 연결한 선을 '산림성장한계선'이라고 하는데 각 지역마다 약간의 차이는 있지만 평균적으로 북위 66° 쯤 돼요. 그리고 이 선의 위쪽을 보통 북극 지역이라고 하지요.
이제 누군가 북극이 어디냐고 물으면, '북극은 지구의 북위 66° 위쪽이에요.' 라고 자신 있게 대답할 수 있겠죠?

북극을 찾은 위대한 탐험가들

비행기를 타고서도 북극에 도착하는 데 2박 3일이나 걸렸어요. 참 오래 걸렸지요. 하지만 옛날과 비교하면 정말 빨리 그리고 쉽게 온 것이에요. 100년 전만 해도 북극에 오려면 최소한 몇 개월은 걸렸거든요. 북극은 너무 춥고 날씨 변화가 심한 곳이어서 옛날부터 사람들이 쉽게 접근할 수 없었어요. 그래서 북극은 오랫동안 사람들이 갈 수 없는 미지의 장소였어요. 하지만 이런 북극의 험난한 환경도 용감한 탐험가들의 발길을 막을 수는 없었지요. 자, 그럼 용감한 탐험가 아저씨들을 만나볼까요?

북극점 정복에 최초로 성공한 피어리

북극점 탐험에 최초로 성공한 사람은 미국의 군인이자 탐험가인 로버트 피어리예요. 피어리는 그린란드를 여행하면서 북극에 관심을 갖게 되었어요. 그 누구도 가 본 적이 없는 미지의 장소인 북극점을 처음으로 정복한 사람이 되고 싶었지요.

1891년 피어리는 그린란드 섬 서해안에 기지를 세우고, 그린란드를 탐험했어요. 북극점 탐험을 준비하기 위해서였지요. 그런데 이때 그만, 동상에 걸려 발가락 일곱 개를 잃었답니다.

하지만 그는 꿈을 포기하지 않았어요. 몸의 불편함도 북극점 탐험에 대한 피어리의 열정을 막을 수 없었죠. 피어리는 병상에서 나오자마자 다시 탐험 준비를 한 후, 북극점을 향해 떠났어요.

그러나 그의 첫 북극점 탐험은 실패로 끝났어요. 건강이 매우 쇠약해진 그는 극지 탐험가로서의 생명이 끝났다는 말까지 들었지요. 이 때 피어리의 나이는 45세였어요.

하지만 그는 좌절하거나 포기하지 않았어요. 피어리는 의지가 아주 강한 사람이었요. 그는 그 후로도 여러 차례 북극점 근처까지 갔다 돌아와야 했지만 결코 포기하지 않았지요.

피어리는 52살이 되던 해, 이번이 북극점을 정복할 수 있는 마지막 기회라고 단단히 마음을 먹고, 북극점을 향해 떠났어요. 그리고 마침내 1909년 4월 6일 오전 10시에 아내가 정성들여 만들어 준 미국 국기를 북극점에 꽂는답니다!

그가 23년간 애타게 기다리던 순간이었죠.

어린이 여러분도 피어리처럼 자신의 목표를 정하고 열심히 노력해 보세요. 목표를 이루어 내는 과정은 결코 쉽지 않겠지만 피어리처럼 꾸준히 노력한다면 분명 성공할 수 있답니다.

노르웨이의 영웅, 아문센

북극의 니알슨 과학 기지촌에는 아문센이라는 탐험가의 동상이 세워져 있어요.
아문센은 피어리 대장만큼 모험심 많고 용감한 탐험가로, 최초로 남극점을 정복한 사람이에요. 그는 노르웨이의 뱃사람이었어요.
그래서 북극점을 처음 정복한 탐험가는 아니지만 이곳 기지촌에서는 자기 나라 사람인 아문센 대장의 동상을 세운 거래요.

로버트 피어리가 1909년에 북극점을 정복한 후, 남극점만이 미지의 땅으로 남게 되자 많은 탐험가들이 남극점 정복을 두고 치열한 경쟁을 벌였어요. 그 선두에 노르웨이의 탐험가 아문센과 영국의 탐험가 스콧이 있었지요. 이 두 사람은 극지 탐험의 역사에서 가장 유명한 경쟁자들예요.

노르웨이의 아문센과 영국의 스콧은 1911년에 각자의 탐험대를 이끌고 남극점을 향해 떠났어요. 둘 다 배를 타고 남극에 갔지만, 탐험 방식은 매우 달랐어요. 아문센은 스콧보다 먼저 남극대륙에 도착한 후, 개가 끄는 썰매를 타고 남극점을 향해 갔고, 뒤이어 도착한 스콧은 모터가 달린 마차를 타고 갔지요.

여러분은 누가 더 빨리 갔을 것 같나요? 모터가 달린 마차를 탄 스콧이 금세 아문센을 쫓았을 것 같지 않나요? 하지만 스콧은 아문센을 앞지르지 못했답니다. 왜냐고요? 지구에서 가장 낮은 남극 기온이 마차의 모터를 꽁꽁 얼려버렸거든요. 스콧의 탐험대는 걸어서 남극점까지 가야 했어요.

반면 아문센은 남극점까지 가는 길 곳곳에 기지를 세우고 짐을 나눠 두고 가서 더 빨리 움직일 수 있었어요. 그래서 아문센이 스콧보다 먼저 남극점에 도착했지요. 스콧도 남극점에 도착하긴 했지만 이미 노르웨이의 깃발이 꽂힌 뒤였답니다.

하지만 역사는 이 둘 모두를 위대한 탐험가로 평한답니다. 여러분도 알지요? 경쟁에서 승자와 패자 그 둘 모두가 열심히 노력했다면 똑같이 박수를 보내줘야 한다는 것을 말이에요. 게다가 아문센과 스콧은 서로 미워하거나 시기하지 않고 선의의 대결을 펼쳤답니다.

자랑스러운 대한민국의 영웅, 허영호·박영석 대장

우리나라에도 북극점을 탐험한, 세계적으로 능력을 인정받은 탐험가가 있어요. 바로 허영호 대장과 박영석 대장이에요.
허영호 대장은 세계 최초로 남극, 북극, 에베레스트의 세계 3극지와 7대륙의 최고봉을 등정한 탐험가예요.
허영호 대장이 처음으로 북극점 정복을 시도한 것은 1990년이에요. 그것도 800㎞가 넘는 길을 걸어서 북극점을 정복할 계획이었지요.

7대륙 최고봉이란 오세아니아의 코지오스코(2,228m), 북아메리카의 매킨리(6,195m), 아프리카의 킬리만자로(5,895m), 유럽의 엘부르즈(5,642m), 남극의 빈슨 매시프(4,897m), 아시아의 에베레스트(8,848m), 남아메리카의 아콩카과(6,959m)를 말해요.

800km는 서울에서 부산까지 갔다 돌아오는 거리와 비슷해요. 얼음이 갈라져 생긴 틈(크레바스)도 건너야 하고, 사람을 날려 버릴 듯 부는 바람(블리자드)도 견뎌내야 했지요. 무거운 짐을 실은 보트도 직접 끌고 가야 했었어요.

이런 힘든 길을 떠난 허영호 대장의 첫 북극점 탐험은 아쉽게도 날씨 탓에 실패로 끝나고 말았어요. 하지만 포기한 것은 아니었어요. 1994년 남극점 정복에 성공을 거둔 뒤, 1995년 다시 북극점 탐험에 나섰지요. 마침내 허영호 대장은 영하 40~50℃를 오르내리는 혹한 속에서 꽁꽁 언 얼음판 위를 걸어서 북극점 정복에

성공했답니다. 허영호 대장은 북극점, 남극점, 에베레스트 정상과
7대륙 최고봉을 모두 정복한 인류 최초의 탐험가가
되었답니다.

그로부터 10년 후, 또 다른 한국의 탐험가가 북극 탐험을
떠났어요. 박영석 대장이 바로 그 주인공이에요.
박영석 대장은 1993년에 세계 최초로 산소통 없이
에베레스트 등정에 성공한 산악인이에요. 2001년에는 세계 최초로
히말라야 산맥에 있는 8,000m가 넘는 14개의 봉우리에 모두
올랐지요. 2002년에는 세계 7대륙의 최고봉을 모두 오르고,
2004년에는 남극점을 정복했어요. 그리고 바로 그 다음 해 5월엔
북극점까지도 정복했지요.
북극점을 정복할 때 그는 당뇨병을 앓고 있었어요. 하지만 혹독한
추위와 한 치 앞을 볼 수 없는 눈보라(화이트 아웃)를 모두
견뎌냈어요. 힘든 상황에서도 묵묵히 한 걸음 한 걸음 내디뎠어요.
북극점을 코앞에 두고 해류의 흐름 때문에 빙하가 움직여서 점점
북극점에서 멀어졌을 때는 탐험을 포기하고 싶었지요. 하지만

박영석 대장은 끝까지 포기하지 않고 북극점 정복을 이뤄냈답니다. 동상으로 발가락을 잘라야 했던 피어리나 당뇨를 앓았던 박영석 대장 모두 자신의 굳은 의지로 건강한 사람들도 하기 어렵다는 북극점과 남극점을 정복했어요.

무슨 일이든지 그 일을 해내는 과정에서 어려움이 크면 클수록
성취의 보람도 큰 법이지요. 그리고 힘들게 얻은 결과만큼 소중한
것이 바로 최선을 다해 노력한 과정이에요.
어린이 여러분들도 시험이든 운동이든 열심히 최선을 다 하세요.
그럼 용감한 탐험가 아저씨들처럼 자신의 꿈을 이룰 수 있답니다.

북극점을 정복할 때는 어떤 길로 가는 걸까요?

북극점을 정복하는 탐험대는 북극해를 뒤덮은 얼음 위를 걸어서 가요. 그래서 북극점 정복은 3월부터 6월 사이에 주로 이뤄져요. 3월부터 날씨가 풀리고 4월 초부터는 하루 종일 해가 지지 않는 백야(白夜)가 시작돼 활동하기가 좋아요. 북극해를 뒤덮은 얼음 덩어리들도 녹지 않아 비교적 안전하고요. 6월이 지나면 여름이 시작돼 북극해의 얼음 덩어리가 녹고 부서져 탐험을 하기가 어렵답니다.

어마어마하게 큰 빙하

니알슨 과학 기지촌 뒤에는 교회의 첨탑처럼 뾰족한 산들이 우뚝 솟아 있어요. 나무라곤 한 그루도 찾을 수 없고 칼날처럼 날카로운 바위만 여기저기 드러나 있는 산이지요. 산 군데군데엔 크고 작은 빙하가 있는 것도 보이고요. 그런데 이 빙하를 나중에 산에 올라가 가까이에서 봤을 땐 정말 깜짝 놀라고 말았어요. 산과 산 사이의 깊은 계곡을 가득 채운 큰 빙하가 눈앞에 펼쳐졌거든요. 태어나서 처음 본 광경이었지요.

이 빙하는 서울 상암동 올림픽 경기장보다 수백 배는 더 커 보였어요. 지구에 존재하는 민물(소금기가 없어 짜지 않은 물)의 대부분이 북극과 남극에 얼음 형태로 존재한다는 말을 실감할 수 있었어요. 엄청난 크기의 빙하를 보며 우리 지구가 왜 '푸른 물의

행성'이라 불리는지 이해할 수 있었어요. 그리고 이렇게 큰 빙하가 지구 온난화로 빠르게 녹고 있다는 사실이 안타까웠답니다.
기지 앞에는 폭이 약 5km 정도 되는 바다가 있었어요. 이 바다 위엔 옥빛 빙하 조각이 둥둥 떠 있고, 바다 위를 나는 갈매기도 있었지요. 바다 건너편엔 또 다른 육지가 있었는데, 그곳엔 바다까지 이어진 엄청나게 큰 빙하 지대가 있었어요. 빙하의 높이는 63빌딩보다 높았지요. 가끔 빙하가 깨지면서 바다로 떨어질 때면 천둥소리가 났어요. 니알슨 기지는 이렇게 큰 빙하로 둘러싸여 있답니다.

북극 바다 위를 떠다니는 빙하

북극 바다 위의 큰 얼음 덩어리는 움직이지 않고 한 곳에만 있을 것 같지만 실은 바닷물의 흐름과 바람 등에 영향을 받아 베링 해와 북대서양으로 이동하지요. 특히 여름철에는 오래된 빙하들이 쩍쩍 갈라져 떨어진 크고 작은 얼음 덩어리들이 바다 위를 떠다녀요.

빙하 탐험을 떠나자!

다산기지 연구원 아저씨들과 함께 차가운 빙하에 사는 미생물과 빙하 주변에 있는 식물, 곤충을 채집하러 빙하 산에 올라갔어요. 서울에 있는 관악산보다 조금 낮은 산이었는데 약 570m 정도 되는 높이였지요.

나는 북극 연구에 참여한다는 자부심을 갖고 씩씩하게 빙하에 올랐어요. 빙하가 있는 곳까지 길을 안내해 준 사람은 강성호 대장님이었어요. 강성호 대장님은 다산기지에 자주 오셔서 기지 주변을 잘 알고 있었거든요. 대장님은 사냥용 장총을 어깨에 메고 길을 안내했어요. 총을 든 대장의 뒤를 따라가니 마치 영화 속 탐험 대원이 된 것 같아 기분이 우쭐했지요.

강성호 대장님은 다산과학기지 주변엔 북극곰과 순록, 여우, 쥐 등의 포유류가 살고 있다고 알려 주었어요. 그리고 기지에서 멀리 나갈 때 왜 총을 들고 가야 하는지도 설명해 줬어요.
바로 북극곰 때문이에요. 북극곰의 먹이가 점점 줄어들고 있어서 배고픈 북극곰이 마을까지 내려와 가축을 잡아가고 사람을 공격한대요. 다행히 나는 북극에 있는 동안 살아 있는 북극곰은 만나지 않았어요.
북극곰은 여름이면 먹이인 물개를 따라 북쪽으로 올라가요. 물개는 주로 얼음 위에서 사는데, 얼음이 많이 녹는 여름철엔 더 추운 북쪽으로 얼음을 찾아 올라가요. 내가 북극에 있던 때는 여름이라 북극곰들은 물개를 따라 기지보다 더 높은 북쪽으로 올라갔나 봐요.
빙하까지 가는 동안 날카로운 바위와 돌을 자주 볼 수 있었어요. 빙하가 산 아래로 흘러 내려오면서 함께 딸려온 것들인데, 다른 바위나 돌에 부딪혀서 날카롭게 된 것이래요.
이끼와 작은 풀들이 무리 지어 사는 곳도 군데군데 눈에 띄었어요. 이 풀들이 어찌나 촘촘히 모여 있는지 마치 푹신푹신한 스펀지를 밟는 기분이었어요. 풀을 먹고 있는 '레인디어'라는 이름의 순록도 자주 만났어요.

빙하까지 가려면 자그마한 개울 수십 개가 모여 있는 곳도 지나야 했어요. 이 개울들은 빙하에서 녹은 물이 흘러 내려온 건데, 폭이 넓어서 쉽게 건널 수 없는 개울도 있었어요. 장화를 신고 온 사람들은 개울이 깊지 않아 그냥 건널 수 있었지만 등산화를 신고 온 사람들은 개울의 폭이 좁은 곳을 찾아 한참을 헤매야 했지요. 그때 포항공대에 근무하시는 장윤석 박사님이 등산화와 양말을 벗고 맨발로 개울을 건너는 것이 아니겠어요! 북극에 왔으니 북극의 찬 물을 느껴야 한다면서요. 모두들 그 모습을 보고 깜짝 놀랐지요.

하지만 개울에 손을 넣어보니 여름이어서 그런지 생각만큼 아주 차갑지는 않았답니다.

개울을 지나 빙하 바로 아래에 도착하니, 축구 경기장 절반만 한 크기의 호수가 있었어요. 빙하가 녹은 물이 모여 만든 호수였지요. 우리가 지나온 개울들은 바로 이 호수에서 시작된 것이었답니다. 빙하가 녹은 물은 이 호수에 얼마 동안 머물다가 개울을 따라 바다로 흘러나가는 것이에요.

북극 얼음이 사각사각, 팥빙수 같아요

야호! 드디어 빙하에 오르기 시작했어요!
그런데 처음 빙하 위로 발을 디디는 순간 조금 실망하고 말았어요.
멀리서 봤을 땐 하얗다 못해 푸른 옥색 빛깔을 띠고 있었는데, 막상
가까이에서 보니 진흙과 자갈, 심지어는 사람 몸통만 한 바위가
여기저기 널려 있는 것이에요! 하지만 빙하 위를 한참 걸어
올라가니 처음에 기대했던 깨끗한 빙하가 나타났답니다.
빙하 녹은 물이 얼음 위로 작은 실개천을 이루며 산 아래로 '졸졸'
흘러 내려가는 아름다운 풍경도 보였고요.
한참을 더 올라, 나는 박사님들을 도와 채집 활동을 시작했어요.
강성호 대장님은 빙하 속에 사는 미생물을 채집하는 '아이스

코어링' 작업을 했어요. '아이스 코어링'은 빙하를 둥근 기둥 모양으로 자르는 일을 말해요. 나도 이 일을 도왔는데 '아이스 코어링' 작업을 하려면 우선 빙하의 표면이 평평한 곳을 찾아야 해요. 그리고 안쪽에 칼날이 달린 원통을 빙하 위에 올려놓고 빙글빙글 돌려서 표면에서부터 130㎝ 정도 깊이까지의 얼음을 채취하지요. 빙글빙글빙글…, 통에 붙어 있는 칼날이 도는 동안 얼음이 잘게 잘려 고운 얼음 가루가 만들어졌어요.

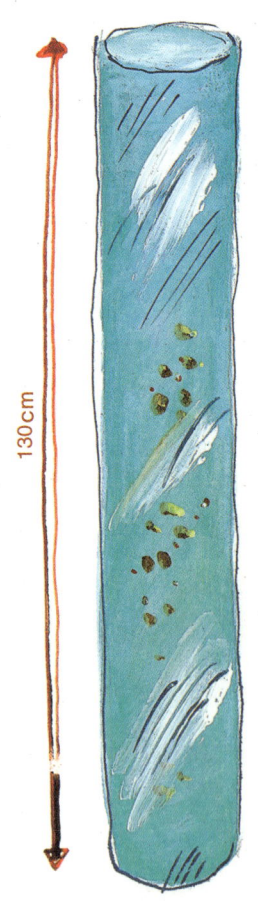

나는 이 얼음 가루를 보고 팥 알갱이와 찹쌀떡 조각이 듬뿍 들어간 팥빙수가 떠올랐어요. 하지만 팥빙수 생각은 잠깐이었어요. 얼음 기둥을 채취하는 일이 생각처럼 쉽지 않았거든요. 기둥을 채취하는 칼날 달린 통을 조금만 잘못 돌려도 얼음 기둥이 중간에서 조각조각 끊어지거든요.

몇 번의 실패 끝에 통나무처럼 생긴 얼음 기둥을 얻을 수 있었어요. 이 얼음 기둥을 분석하면 영하 수십 도에서도 살아가는 미생물을 찾을 수 있고, 이 미생물 연구를 통해 인류에게 유익한 새로운 물질을 발견할 수 있대요.

여러분은 냉동 인간이 나오는 과학 영화를 본 적이 있지요? 온몸을 꽁꽁 얼렸다가 미래에 언 몸을 녹여 다시 살아나는 사람 말이에요. 그런데 실제로 사람의 몸을 갑자기 얼리면 몸을 구성하는 세포의 세포벽이 파괴돼요. 그럼 냉동 인간은 영화에서나 가능한 것이냐고요? 아니에요.

북극에 사는 미생물의 세포에는 영하 수십 도의 추운 날씨 속에서도 세포가 얼지 않도록 하는 물질이 있어요. 그래서 이 물질을 이용하면 실제로 냉동 인간을 만들 수 있답니다.

미국엔 실제로 냉동 인간을 만들어 주는 회사가 있대요. 주로 불치병에 걸린 사람들이 이 회사를 이용하는데 의술이 지금보다 더 발전한 미래에 다시 살아나

많은 일을 하는 해저 미생물

북극 바다 속에는 수천 톤의 메탄을 먹고사는 미생물들이 있어요. 메탄은 이산화탄소보다 21배나 더 강력한 온실 가스예요. 메탄을 먹는 이 미생물 덕분에 지구 온난화를 조금이나마 늦출 수 있지요. 또한 이 미생물은 메탄을 보다 효율적인 연료 형태로 바꿀 수도 있답니다. 우리 삶에 많은 도움을 주는 고마운 미생물이에요.

자신의 병을 치료받고자 신청하고 있다고 해요.
꽁꽁 몸이 얼려 있다가 녹으면 어떤 기분일까….
이런 상상을 하고 있는데, 갑자기 "박 기자, 커피 마셔요." 하는
소리가 들리는 거예요. 뒤를 돌아보니 얼음 기둥 채취를 마친 다른
대원들이 보온병에 담아 온 더운 김이 모락모락 나는 커피와

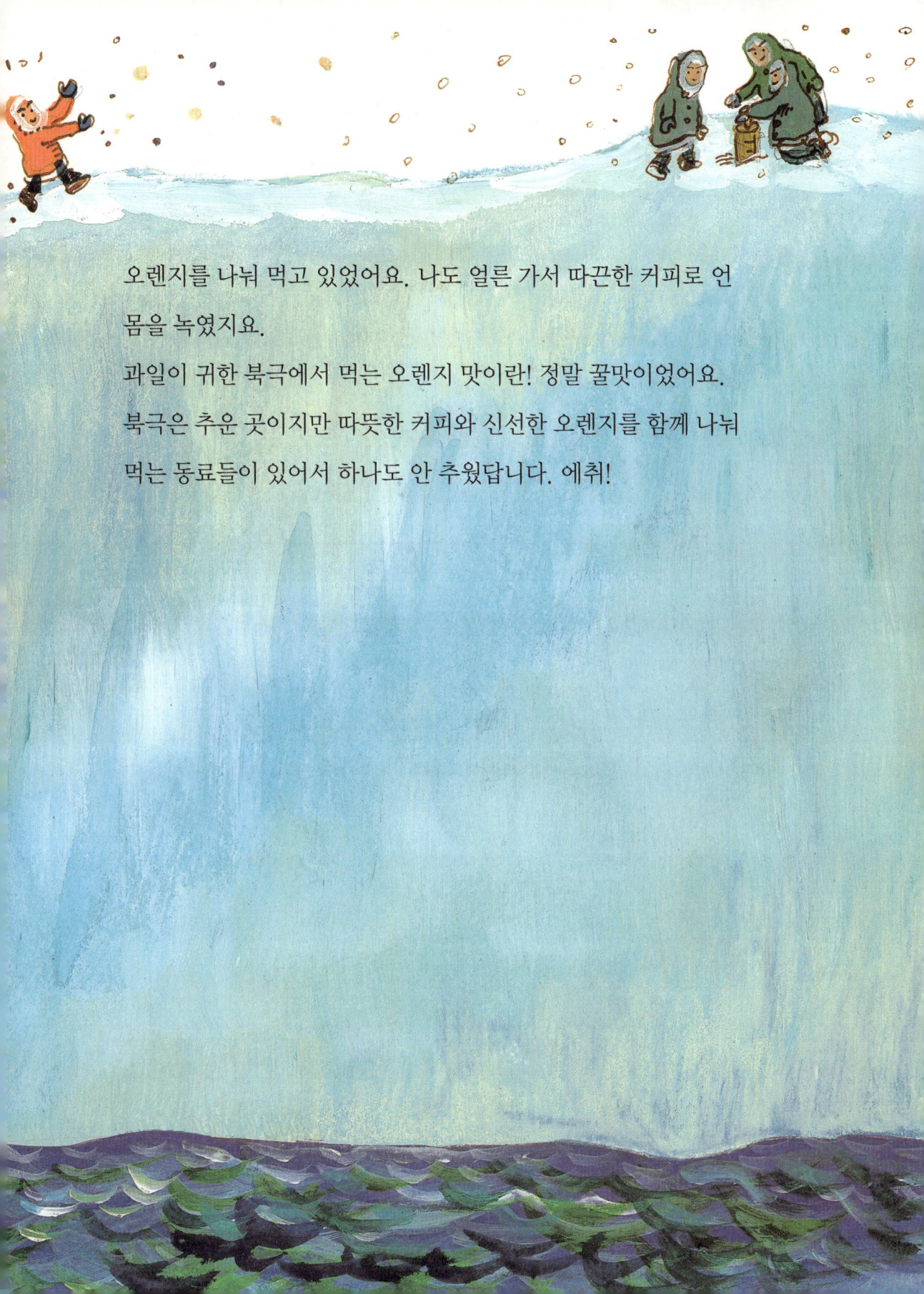

오렌지를 나눠 먹고 있었어요. 나도 얼른 가서 따끈한 커피로 언 몸을 녹였지요.
과일이 귀한 북극에서 먹는 오렌지 맛이란! 정말 꿀맛이었어요.
북극은 추운 곳이지만 따뜻한 커피와 신선한 오렌지를 함께 나눠 먹는 동료들이 있어서 하나도 안 추웠답니다. 에취!

빙하 물을 꿀꺽 꿀꺽

킹스베이 회사에서 물건을 빌려 준다고 했던 거 기억나나요? 이곳에 온 연구원 대부분은 과학 기지에 오랫동안 머무는 것이 아니라서 필요한 물건들이 있으면 킹스베이 회사에서 빌려 써요. 잠깐의 여행을 위해 집안 살림을 모두 옮긴다면 돈도 많이 들고 굉장히 힘이 들겠죠? 다산과학기지도 마찬가지예요. 연구실을 모두 옮기려면 많은 비용과 오랜 시간이 필요하지요. 이런 불필요한 비용과 시간을 절약하는 데 킹스베이 회사의 역할이 크지요.
니알슨 과학 기지촌에 있는 모든 기지들은 식량을 비롯한 모든 물품을 킹스베이 회사를 통해 공급 받아요. 그런데 단 하나 받지 않는 것이 있답니다. 그게 무엇일까요?

힌트는 북극지방에는 빙하가 아주 많다는 것이에요.
무엇인지 알겠지요? 바로 '물' 이에요.
이곳 기지촌에서는 빙하가 녹은 물을 식수와 생활용수로 사용해요. 다산기지도 마찬가지고요. 기지 뒤편에 있는 빙하가 녹은 물이 기지 근처의 푹 파인 웅덩이로 내려와요. 내려온 물은 자연스레 저수지를 만들지요. 그러면 기지에서는 저수지에서 기지 건물까지 파이프를 설치해 물을 끌어다 먹어요. 빙하가 녹은 물속에 든 진흙이나 먼지 등의 불순물은 저수지 바닥에 가라앉기 때문에 소독하지 않고서도 바로 먹을 수 있지요.
몇 만 년 전에 내린 눈이 쌓여 언 빙하가 녹은 물을 마시고, 그 물로 얼굴을 씻는다고 생각해 보세요. 흥분되지 않나요?
나는 처음 빙하 물을 먹을 때 온몸이 짜릿했어요. 차가운 빙하 물이 꼭 사이다 같은 청량음료처럼 상쾌한 느낌을 주었지요.
니알슨 과학 기지촌에는 채소를 재배할 수 있는 유리 온실이 있어요. 이곳은 여름이 너무 짧아서 채소를 야외에서는 기를 수가 없거든요.
강성호 대장님은 유리 온실 안에서 연구용 식물과 양상추 같은 채소를 기른다고 설명해 줬어요. 신선한 야채가 먹고 싶던 나는 당장 유리 온실 안으로 들어갔지요. 그랬더니 온실 안은 기지

주변에서 자라는 야생식물이 거의 다
차지하고 있었고, 아쉽게도 양상추는 아주
조금밖에 없었어요.
과학 기지에서는 일주일에 두 번
기지를 방문하는 아주 큰 배를 통해
채소와 과일, 고기 등의 식량을
공급받아요. 모두 노르웨이
본토에서 가져오는 것이지요. 가끔
순록과 고래 고기로 만든

스테이크를 먹기도 했어요. 물론 기지 주변에 사는 순록과 고래를 잡아 만든 요리는 아니에요. 현재 고래잡이는 몇몇 나라를 제외하곤 금지되어 있어요. 노르웨이는 일본, 아이슬란드와 함께 세계에서 고래를 잡을 수 있는 몇 안 되는 나라 가운데 한 곳이에요. 단, 과학 연구에 한해서만 고래를 잡을 수 있지요. 그 뒤엔 식용으로 판매하기도 해요. 나는 과학적인 연구가 아닌, 돈을 벌기 위한 목적이나 사냥의 재미를 목적으로 멸종 위기에 처한 동물을 잡는 것은 옳지 않다고 생각해요.

여러분들은 어떻게 생각하나요? 연구를 위한 고래잡이도 하지 말아야 할까요?

고래를 보호하는 국제포경조약

고래는 한때 멸종될 뻔했어요. 그래서 사람들은 고래를 보호하려고 고래잡이를 제한하기로 약속을 했답니다. 하지만 과학적인 연구를 목적으로 한 고래잡이는 예외적으로 인정하기로 했어요. 이러한 점을 이용해서 일본은 공해상에서 고래를 마구잡이로 잡아 고래의 생존을 위협하고 있어요. 최근엔 아이슬란드도 국제협약을 깨고 21년 만에 고래를 다시 잡기 시작해서 문제가 되고 있답니다.

태양아, 제발 저리 가 줘~

하루 종일 해가 지지 않는 곳에 가본 적이 있나요? 아저씨가 머문 북극은 여름엔 하루 종일 해가 지지 않아요. 마치 해가 하늘에 '둥둥' 떠서 나를 따라다니는 것 같았지요.

잠을 잘 시간에도 태양 때문에 잠을 잘 수가 없었어요. 방에는 커튼이 쳐져 있었지만, 햇빛이 얼마나 강한지 커튼을 쳐도 방안이 환했어요. 궁리 끝에 옷걸이에 옷을 걸어 커튼 위를 가렸어요. 그제서야 방안이 어두워져서 잠을 편히 잘 수 있었어요.

하루 종일 해가 지지 않는 것을 '백야' 라고 해요. 백야는 지구가 태양에 비스듬히 기울어진 채 그 주위를 돌기 때문에 나타나는 현상이지요. 지구는 태양 둘레를 돌며 동시에 지구의 북극과 남극을 연결한 자전축을 중심으로 하루에 한 바퀴씩 돌아요. 그래서 지구가 태양 빛을 받는 동안의 낮과 받지 않는 동안의 밤이 생기는 것이에요.

그런데 지구는 태양을 똑바로 마주하지 않고 약간 기울어져 있어요. 그래서 지구에는 태양 빛을 계속 받는 지역이 생기는데 그곳이 바로 지구의 양 끝에 있는 북극과 남극 지역이에요.

백야는 적도의 위쪽인 북반구에서는 여름철에, 적도의 아래쪽인 남반구에서는 겨울철에 나타나요. 어두운 밤이 계속되는 흑야는 그 반대이고요. 북극점과 남극점에서는 낮만 계속되는 백야와 밤만 계속 되는 흑야가 6개월 단위로 번갈아 가며 나타나요.
백야와 흑야 현상이 일어나는 북극 지역에 사는 사람들은 눈동자 색이 파란색이나 녹색인 경우가 많아요. 왜 그럴까요?
눈동자 색은 하루에 햇빛이 얼마나 비치는가를 나타내는 '일조량'과 관계가 있어요. 일조량이

적은 지역에 사는 사람들의 눈은 파란색과 녹색 같은 색에 민감하게 반응한대요. 그래서 이 지역 사람들의 눈동자 색도 파란색이나 녹색으로 변하게 된 것이지요. 태양 빛을 많이 보지 못하는 사람들은 대부분 시력이 약해서 강렬한 원색보다는 파스텔 느낌의 부드러운 색과 흰색을 좋아한대요. 한 과학자가 원주민인 에스키모 아이들에게 선물로 크레파스를 나눠줬더니, 빨간색을 좋아하는 동양 아이들과는 달리 에스키모 아이들은 녹색 크레파스를 더 좋아했대요.

태어나고 자란 환경에 따라 눈동자 색이 달라지고 좋아하는 색깔도 달라질 수 있다는 것이 참 신기하지 않나요?

북극의 커튼 오로라

북극이나 남극에 다녀온 사람들이 자주 얘기하는 멋진 풍경 가운데 하나가 바로 오로라예요. 내가 다산기지를 방문했을 때는 낮만 계속되는 여름철이라 밤에만 볼 수 있는 오로라를 보지 못해 아쉬웠어요. 오로라는 황록색, 붉은색, 황색, 주황색, 푸른색, 보라색, 흰색 등의 다양한 빛이 마치 커튼처럼 밤하늘에 펼쳐지는 현상이에요.

오로라는 밤하늘에 보이는 별보다 빛이 약해 자세히 보지 않으면 쉽게 찾을 수 없는 것부터 너무 밝아 눈부신 것까지 여러 가지가 있어요.

오로라가 뭐예요?
오로라는 밤하늘에 나타나는 아름다운 빛이에요. 태양에서 방출된 전기 입자가 지구 대기권에 있는 질소, 산소 분자 및 원자와 충돌할 때 에너지가 방출돼요. 그 때 대기권에 나타나는 여러 가지 색의 빛이 바로 오로라예요.

가장 약한 오로라의 밝기를 1이라 한다면 가장 강한 오로라의 밝기는 무려 1만 정도예요. 오로라는 보통 땅 위 90~150㎞ 사이에서 나타나지만 가끔은 1,000㎞보다 높은 곳에서도 나타난대요. 길이는 대부분 200~250㎞이지만 가끔은 1,000㎞가 넘는 것도 있고요. 오로라를 가장 자주 볼 수 있는 곳을 오로라대라고 해요. 북반구의 오로라대는 보통 북극점과 가까운 시베리아 북부 연안, 알래스카 중부, 캐나다 중북부와 허드슨만, 아이슬란드 남부, 스칸디나비아반도 북부 지역이에요. 이 지역에서는 날만 흐리지 않으면 겨울 밤마다 오로라를 볼 수 있대요.

오로라대에서 적도 쪽으로 내려갈수록 오로라가 나타나는 횟수는 줄어들어요. 영국 북부에서는 1년 동안 20회 정도 오로라를 볼 수 있고, 그보다 아래쪽인 뉴욕에서는 3~5회 정도만 볼 수 있어요. 아주 드문 경우지만 적도 부근의 싱가포르·인도·쿠바에서도 오로라를 봤다는 기록이 있는데, 이 곳에서는 오로라가 마치 먼 곳에서 불이 난 것처럼 보인대요.

공룡 화석을 찾았어요

기지에 머무는 동안 북극에 아주 짧은 가을이 왔어요. 기지 주변의 이끼와 풀들은 단풍이 들고, 바람도 제법 세졌지요. 종일 안개가 낀 날도 있었어요.

탐험 대원들은 비도 오고 날씨도 흐려서인지 기지에 처음 왔을 때보다 기운이 좀 없어졌어요.

강성호 대장님은 이런 대원들의 기분을 바꾸고 운동도 할 겸, 기지 뒤편에 있는 산을 오르자고 했어요. 나는 워낙 산을 좋아해서 강성호 대장님의 제안에 열렬히 찬성했지요.

우리는 산 아래까지 차를 타고 갔어요. 그리고

대기 관측소
북극 다산과학기지 뒤편에 있는 산 정상에는 세계적으로 유명한 대기 관측소가 있어요. 이 곳에 설치된 대기 측정 장비는 워낙 민감해서 지나가는 사람이 내뿜는 아주 적은 양의 이산화탄소도 알아차릴 수 있을 정도래요. 그래서 우리 일행은 산 정상에 오를 때 관측소에서 멀리 떨어진 길을 택해 갔답니다.

발걸음도 가볍게 산을 올랐어요. 그런데 크고 작은 바위 때문에 마음만큼 등산이 쉽지 않았어요. 앞선 사람이 밟은 뾰족한 자갈이 아저씨 쪽으로 굴러 떨어질 때는 무섭기도 했고요. 하지만 산이 낮아서 30분 정도를 열심히 오르니, 능선에 도착할 수 있었어요. 능선을 따라 한참을 오르고 있는데, 같이 올라간 과학자 아저씨 한 분이 사람 머리보다 작은 돌을 발견했어요. 무게는 약 2kg 정도였는데 내가 보기에는 조개 화석 같았어요. 과학자 아저씨들 중 몇몇은 화석이라고 주장했고 또 다른 몇몇은 조개 모양을 한 돌인 것 같다고 말했어요.

화석인지 아니면 조개 모양의 돌인지 정확히 모르지만 그 모양이 신기해서 얼른 배낭에 담았어요. 그런데 주변을 둘러보니 화석처럼 보이는 돌멩이가 여기저기에 많이 있지 않겠어요? 물고기 화석

같은 돌도 있고 공룡 알처럼 보이는 둥글둥글한 돌도 있었어요. '이게 뭘까?' 하고 한참을 들여다보고 있으니 한 과학자 아저씨가 공룡 알 같다고 말했어요.
나는 '북극에 공룡 알이 왜 있는 거죠?' 라고 물었지요. 궁금한 것은 못 참는 성격이거든요. 그랬더니 그 과학자 아저씨가 니알슨 과학 기지가 세워진 이 곳은 원래 석탄을 캐는 광산이었는데 광산이 무너진 후, 광산을 폐쇄하고 과학 기지를 세운 것이라는 얘기를 해 줬어요.
그제야 왜 이 곳에 공룡 화석이 있는지 알게 되었지요. 석탄과 공룡이 무슨 상관이 있냐고요?

한때는 더웠던 북극?!!

옛날에 지구의 대륙들은 모두 적도 근처와 그 아래인 남반구 쪽에 몰려 있었어요. 북극해를 둘러싼 대륙과 섬으로 이뤄진 북극도 적도 근처에 있었답니다. 시간이 흐르면서 점차 북으로 올라와 지금의 위치에 있게 된 것이지요. 북극해의 깊은 곳에선 열대우림 지역의 나무와 조개류의 화석이 발견되기도 했어요. 그래서 북극해의 수온이 먼 옛날에는 20℃가 넘었을 거라 여겨져요.

석탄은 지질시대의 육지식물이나 바다식물이 물에 잠겨 공기와 접촉하지 않은 상태로 쌓여 있다가, 땅속의 높은 열과 압력을 받아 만들어진 것이에요. 그래서 석탄이 많은 곳은 아주 먼 옛날에는 식물이 많은 지역이었다는 것을 알 수 있지요.

북극이 옛날에는 식물이 무성한 곳이었다니 놀랍지요? 북극대륙은 아주 먼 옛날엔 덥고 습기가 많은 열대성 기후 지역이었대요. 식물도 많고 공룡도 살았었을 테고요.

여러분이 좋아하는 영화 '주라기 공원'의 배경을 생각하면 쉽게 이해할 수 있겠죠?

북극에도 봄, 여름, 가을, 겨울이 있어요

우리가 다산과학기지에 도착했을 때는 여름인 8월이었어요. 하지만 아저씨가 느끼기에 북극의 여름은 마치 우리나라 초겨울 날씨와 비슷했어요. 기지 밖에 설치된 온도계는 평균 5~8℃를 가리켰지요. 바람이 심하게 불 때면 기온은 영하로 뚝 떨어졌어요. 분명 계절은 여름인데 날씨는 겨울 같은 때가 많았지요.

그런데 정말 신기한 건, 기지 주변 식물들의 잎과 줄기가 파릇파릇한 것이었어요. '이까짓 추위는 아무것도 아니야' 하는 듯 말이에요. 또 많은 식물이 예쁜 꽃을 마음껏 피우고 있었어요. 그 중 몇 가지는 쌀알 크기의 3분의 1도 되지 않는 아주 조그만 씨앗을 맺기도 했지요. 추운 날씨에도 곱게 핀 풀과 꽃들이 대견해 보였어요.

다산과학기지를 떠나기 며칠 전부턴 가랑비가 내렸어요. 한 과학자 아저씨가 비가 오면 기온이 조금씩 떨어지고 곧 '블리자드'라고 불리는 눈보라가 몰아칠 것이라고 얘기해 줬어요.

다산과학기지는 북위 78°에 있는데 4월 하순부터 8월 하순까지의 4개월 동안은 낮만 계속되는 봄과 여름이고 8월 하순부터 10월 하순까지는 낮과 밤이 함께 나타나는 겨울이에요. 가을은 아주 짧아서 겨울과 딱 잘라 구분 짓기가 쉽지 않지요.

10월 하순부터 다음 해 2월 하순까지는 밤만 계속되고 눈보라가 치는 한겨울이지요. 그리고 2월 하순이 지나면 밤과 낮이 반복되는 봄이 시작돼요.

북극의 계절 변화는 동물들의 움직임으로도 알 수 있어요. 겨울이면 북극곰은 야외 활동을 멈추고 눈 속에 구멍을 파서 따뜻한 둥지를 만들어요. 그 곳에서 새끼를 낳고 젖을 물리며 추운 겨울을 보내지요. 봄이 오면 겨울에 태어난 새끼들을 이끌고 사냥에 나서고요. 봄의 시작은 바다표범이 새끼바다표범을 낳는 것으로도 알 수 있지요. 얼음이 녹는 여름이 되면 순록떼의 이동이 시작돼요. 땅을 덮은 눈이 녹으면서 새싹이 나오고, 순록들이 이 풀을 먹기 위해 조금씩 북쪽으로 올라가거든요.

그런데 사실 순록이 풀 때문에만 북쪽으로 올라가는 건 아니에요. 여름철이면 위도가 낮은 지역에 모기떼가 많아서 북쪽으로 이동하는 것이랍니다.

북극과 남극을 비교해 보자

북극과 남극 중 어디가 더 추울까요?

정답은 남극이에요! 과학자들이 남극과 북극 기온을 측정한 결과 북극지방의 평균 기온은 영하 35~40℃ 정도였어요. 하지만 남극지방의 평균 기온은 북극보다 최고 15℃ 정도 더 낮은 영하 55℃예요.

남극대륙에 설치된 보스토크 기지는 1968년 8월 24일엔 무려 영하 88.3℃를 기록했어요. 생각만 해도 몸이 꽁꽁 얼어붙을 것 같은 끔찍하게 낮은 온도지요. 대체 왜 남극이 북극보다 더 추울까요?

그건 남극의 육지 면적이 북극에 비해 더 넓기 때문이에요. 육지는 바다보다 쉽게 온도가 올라가는 대신 또 쉽게 식어요. 남극이 북극해보다 훨씬 두꺼운 빙하로 덮여 있는 것도 북극보다 남극이 추운 이유지요. 빙하는 태양열을 90% 가까이 반사시켜 버리거든요.

북극해로 오는 멕시코 난류는 북극의 추위를 어느 정도 막아주는 역할을 해요. 반면 남극은 겨울에 북극 지방보다 강한 바람이 불어 외부에서 따뜻한 바람이 불어와도 그 바람을 되돌려 보낸답니다.

북극과 남극은 뭐가 다를까?

남극은 남반구에서 지구의 자전축이 땅과 만나는 점을 중심으로 한 지역이고 북극은 그 반대라고 할 수 있지요. 좀 더 자세히 설명하면 남극은 거대한 대륙으로 남극해라는 넓은 바다에 둘러싸여 있어요. 북극은 북극해와 북극해를 둘러싼 유라시아 대륙과 북아메리카 대륙 일부를 말해요. 그래서 남극대륙이라는 말은 맞아도 북극대륙이라는 말은 틀려요.

　남극은 섬이라고 부르기에는 너무나 큰 땅덩어리예요. 그래서 남극을 오스트레일리아에 이은 지구의 제7대륙이라고 불러요. 남극대륙은 세계에서 5번째로 큰 대륙이고 오스트레일리아 대륙보다 훨씬 넓어요. 평균 두께가 2,160m나 되는 두꺼운 빙하로 덮여 있지요.

　남극은 이렇게 얼음으로 덮여 있어도 아시아, 아메리카, 아프리카 등 다른 대륙에서 볼 수 있는 화산, 온천, 지진 등의 지질학적 현상이 있고 지하자원도 많이 묻혀 있어요.

　북극은 북위 66.5° 또는 7월의 온도가 10℃가 안 되는 북반구 지역을 말해요. 이런 곳에선 나무가 자랄 수 없지요. 캐나다, 알래스카, 러시아 북쪽, 노르웨이와 북대서양의 북쪽 지역이 이에 해당해요. 그린란드 대부분과 다산과학기지가 위치한 스발바르 제도도 북극권에 속해요. 하나 더, 북극점은 바다에 있고 남극점은 남극대륙 땅 위에 있답니다!

북극에는 누가 살까?

만약 누가 나에게 북극에서 평생 살라고 그러면 못 살 것 같아요. 너무 추워서요.
하지만 춥고 얼음이 많아서 북극을 좋아하는 친구들도 있답니다.

누군지 한 번 만나볼까요?

북극곰아 어디 있니?

북극을 상징하는 북극곰은 덩치가 아주 큰, 하얀 곰이에요. 털이 눈처럼 하얘서 백곰이라고도 부르죠. 어릴수록 더 하얗대요. 북극곰은 북극권에 있는 섬이나 대륙의 해안과 툰드라지대에 살아요. 툰드라지대는 극지대나 고산지대에 있는 나무가 없는 평평한 육지예요.
북극곰은 덩치가 얼마나 큰지, 키가 무려 아파트 한 층 높이(2~3m)에 몸무게는 150kg에서 많게는 650kg까지 나간대요.

그런데 재밌게도 북극곰은 큰 덩치에 어울리지 않는 아주 짧은 꼬리를 갖고 있어요.

얼마나 짧으냐고요? 대략 10cm 정도랍니다. 몸에 비해 너무 작아서 있는지 없는지 모를 지경이지요.

북극곰은 불곰이나 흑곰 등 다른 지역에 사는 곰보다 머리도 작고 귀도 작아요.

왜냐고요? 북극이 너무 추운 곳이라서 그렇대요. 몸도 큰 데 머리와 귀까지 큼직큼직하면 추운 바람이 닿는 부분이 더 많아지잖아요. 그럼 몸의 체온은 더 많이 떨어질 테고요. 그래서 북극곰은 추운 지역에서 체온을 유지하려고 몸통을 제외한 부분들이 작게 성장한 것이랍니다. 그런데 여러분은 이처럼 큰 북극곰이 미끄러운 얼음 위에서 넘어지지 않고 다니는 것이 신기하지 않나요?

얼음 위를 성큼성큼 다니는 북극곰의 발바닥을 보면 털이 아주 촘촘히 나 있어요. 그 덕분에 북극곰이 얼음 위에서 넘어지지 않고 잘 다니는 것이지요.

새끼를 낳을 때가 되면 암컷 곰은 눈 속에 구멍을 파고 그 안에서 한두 마리의 새끼를 낳아요. 이 얼음 구멍은 눈으로 덮여 있어서

밖에서 보면 작은 공기 구멍밖에 보이지 않아요. 북극곰은 2년에 한 번씩 새끼를 낳는데 주로 12월 하순부터 1월 사이에 낳지요.
새끼곰은 태어난 지 3~4년이 지나면 어른 곰이 되는데 수명은 약 25~30년이래요. 새끼를 낳을 때 외에는 혼자서 생활을 한대요.
북극곰이 좋아하는 먹이는 바다표범, 물고기, 바닷새, 순록 등이에요.
북극곰은 북극지방에 사는 에스키모에게 아주 유용한 동물이에요.

에스키모의 식량이 되기도 하고, 털가죽은 옷을 만드는 재료로 사용되니까요. 북극곰 가죽은 보온성이 아주 뛰어나고 윤기가 있어서 비싸게 팔려요. 그래서 한때 멸종될 위기에 처했죠. 미국, 러시아, 캐나다, 덴마크 등 북극권과 인접한 국가에서는 북극곰을 살리려고 북극곰 사냥을 금지하는 법을 만들기도 했어요.

하지만 지금 북극의 환경은 점점 북극곰이 살기 어려운 모습으로 바뀌고 있어요. 살아가는 데 가장 필요한 먹이가 점점 부족해지고 있거든요. 먹을 것이 너무 없어서 수곰이 암곰을 잡아먹는 끔찍한 일도 벌어지고 있어요. 왜 북극곰의 먹이가 줄어드는 걸까요?

그건 지구 온난화 현상 때문이에요. 지구 온난화로 북극 지역의

얼음이 줄어들면서 물개와 바다표범들이 얼음을 찾아 원래 살던 곳에서 더 북쪽으로 이동했거든요. 이들을 먹고살던 북극곰은 먹이가 부족해질 수밖에요. 그뿐이 아니에요.
북극곰은 이동할 때 얼음 위에 올라가 잠시 쉬었다 가는데 요즘 북극 지역의 얼음이 너무 많이 녹는 바람에 바다에 빠져 죽는 일이 많아졌대요. 북극곰은 수영을 아주 잘 하지만 한번에 25㎞ 이상 헤엄칠 순 없어요. 게다가 잘 먹지도 못해서 덩치는 점점 작아지고, 북극곰 새끼의 생존 확률도 줄어들고 있어요. 이러다 정말 앞으로 북극곰을 볼 수 없게 될까봐 걱정이에요.

북극곰은 원래 까만 곰?

북극곰의 하얀 털 밑을 자세히 보면 검정색의 피부가 보여요. 하얀 북극곰의 조상은 원래 시베리아와 알래스카, 그린란드에 살던 까만 '흑곰'이래요. 이 흑곰이 먹이를 찾아 북쪽으로 올라가면서 환경에 적응하느라 털 색깔이 흰색으로 바뀌어 지금의 하얀 북극곰이 된 것이랍니다.

여우야, 안녕!

'여우' 하면 제일 먼저 무슨 생각이 드나요? 꾀 많은 여우? 아니면 어린왕자가 만난 사막의 여우?

나는 '여우' 하면 어릴 때 본 TV 드라마 '전설의 고향'에 나온 '구미호'가 떠올라요.

'구미호'는 창백한 얼굴에 긴 검은 머리카락을 풀어헤친 여자 모습을 한 꼬리 아홉 개 달린 여우랍니다. 구미호가 나오는 장면을 보고 나면 어찌나 무서운지 화장실도 못 갔어요. 그래서 '여우' 하면 왠지 모르게 무서운 기분이 들어요.

그런데 북극에서 그 무서운 여우랑 딱 마주친 게 아니겠어요! 북극 식물을 채집하려고 서효원 박사님과 함께 빙산에 갔을 때예요.

사진을 찍느라 잠시 멈춰 서 있는데, 잿빛을 한 뭔가가 살금살금 곁으로 다가오는 것을 느꼈어요. 휙 돌아 본 순간 여우인 것을 알았죠!

북극에서 여우를 만나다니!

나는 '호랑이굴에 들어가도 정신만 차리면 된다.' 라는 말을 떠올리며 용기를 내어 여우를 똑바로 바라보았어요. 내 얼굴이 좀 무섭게 생겨서 여우가 겁을 먹고 도망가지 않을까 생각했거든요. 그런데, '이런!'

이렇게 귀여운 여우가 있다는 사실에 찔끔 눈물이 날 뻔했어요. 여우는 꼬리가 길고 주둥이가 튀어나왔을 뿐 집에서 키우는 개와 비슷했어요. 게다가 내가 무서워하는 '구미호' 같은 모습은 전혀 아니었어요. 공격하려 하지도 않았지요.

나중에 알고 보니 이 곳 기지 주변에 있는 여우들은 사람을 두려워하지 않는대요. 자연을 함부로 훼손하면 안 된다는 것을 잘 아는 과학자들이 사는 곳이라 어떤 여우도 이곳에 와서 해코지를 당한 적이 없었으니까요. 또 아주 추운 한겨울에 먹이를 찾아 기지 근처까지 여우가 내려오면 불쌍하다는 생각에 음식을 주곤 해서 더욱 더 사람을 무서워하지 않게 되었대요.
그런데 재미있는 일이 생겼어요.
여우는 내 앞에서 귀여운 강아지처럼 빙글빙글 재주를 넘기도 하고, 하늘을 보고 벌렁 눕는 재롱을 부리는 거예요. 동물원에서도 볼 수 없는 신기한 모습이었어요.
게다가 이 여우는 사진을 찍으려고 사진기를 들이대도 도망가려는 기색조차 없었어요. 자기가 하고 싶은 대로 하는 겁 없는 여우였지요. 쓰다듬어 달라고 달려들지 않는 것이 이상할 정도였어요.

나는 움직이는 여우의 모습을 아주 자세히 관찰하면서 사진을 찍을 수 있었어요. 사진을 찍으면서 '사람과 동물이 이렇게 서로 경계하지 않고 한자리에서 함께 부대끼며 살아갈 수 있는 곳이 과연 이 지구에 몇 곳이나 있을까?' 하는 생각이 들었답니다.

그럼 귀여운 북극 여우에 대해 좀 더 자세히 알아볼까요?

북극 여우는 북위 55° 부근의 북유럽, 러시아, 알래스카, 쿠릴열도 등지에 사는데 몸길이가 50~60㎝이고 꼬리길이는 25㎝ 정도예요. 몸무게는 2.5~9㎏으로 생각보다 가벼워요. 귀는 짧고 둥글며 주둥이는 뭉툭해요. 아주 귀엽고 예쁘답니다.

몸을 감싼 털은 여름에는 짙은 회갈색을 띠지만 겨울에는 눈이 많은 지역에 서식하기 때문에 흰색으로 변해요. 하지만 사는 곳에 따라 흰 털로 변하지 않고 회색을 그대로 유지하는 여우도 있어요.

여우는 낮은 산에 굴을 만들어 여러 해 동안 둥지로 사용하는데

해마다 구멍을 파서 입구를 많이 만들어요. 북극곰이 둥지를 습격할 때를 대비해서 도망갈 길을 여러 개 만드는 것이지요.

북극 여우는 혹독한 추위도 잘 견디고 무엇이든 잘 먹어요. 여름에는 새, 나그네 쥐, 물고기, 나무 열매 등을 먹어요. 겨울을 대비해서 먹이를 저장할 만큼 영리하지요.

여우는 한번 짝을 지으면 일생을 함께 하는 순정파 동물이에요. 대개 4~6월에 짝짓기를 하고, 7~8주가 지나면 적게는 한 마리에서 많게는 14마리까지 새끼를 낳아요.

이제 나는 여우가 전혀 무섭지 않아요. 어린이 여러분도 귀여운 북극 여우를 만나고 싶지요?

북극에 꽃이 피었습니다!

하루는 식물을 연구하는 서효원 박사님과 곤충 연구를 하는 김충곤 박사님과 함께 기지 앞에 있는 바다 건너편 육지로 채집을 나갔어요.

바다를 건너려면 배를 타고 가야 했는데 배를 타기 전에 우주복처럼 생긴 옷을 입었어요. 윗도리와 아랫도리가 하나로 된 이 옷은 물이 스며들지 않도록 특수하게 만들어졌어요. 두껍고 딱딱해서 입기가 꽤 불편했지만, 이 옷을 입으면 바다에 빠져도 옷 안으로 물이 들어오지 않고, 물 위에 둥둥 뜰 수 있지요.

배는 무척이나 빨리 달렸어요. 차가운 바다 바람에 얼굴이 얼얼할 정도였지요.

바다 위에는 여러 개의 섬이 있었는데, 섬 절벽에는 갈매기를 비롯한 다양한 종류의 새들이 있었어요. 그런데 이 곳에서 끔찍한 장면을 봤어요.
갈매기들이 새 둥지에서 떨어진 다른 새의 새끼를 잡아먹고 있었거든요. 여러분은 갈매기의 별명을 알고 있나요? 갈매기는 '바다의 청소부' 라는 별명을 가지고 있어요. 살아 있는 것이든, 썩은 것이든 뭐든 먹어 치우는 잡식성이거든요.

보기에 좋은 광경은 아니었지만 이 모든 것이 자연 속에서 살아가는 생명의 삶의 방식이라는 생각이 들었어요.
섬에 도착하니 이곳은 푸른 식물들로 가득한 초원이었어요.
이곳에서 크기가 채 1㎝가 되지 않을 정도로 작지만 색깔은 굉장히 선명하고 아름다운 꽃들을 발견했어요.
이곳에 자라는 많은 식물은 꽃가루가 바람에 운반되어 열매를 맺는대요. 곤충이 꽃가루를 옮겨줘서 열매를 맺는 식물들도 있고요.

곤충이 꽃가루받이를 도와주는 꽃들은 색깔이 무척이나 선명한데 그 이유는 꽃이 피고 난 뒤부터 꽃이 지기까지의 기간이 너무 짧아서래요. 짧은 시간 동안 꽃가루를 옮겨주는 곤충들을 많이 유혹하려면 곤충 눈에 잘 띄어야 하잖아요. 거친 환경에서도 고운 꽃을 피워내는 북극식물의 강인한 생명력이 참 놀랍지요?

북극식물들은 겨울철의 혹독한 추위를 이겨내려고 빽빽하게 서로 모여 자라요. 바람이 닿는 면적을 줄이고, 함께 모여 서로의 온기를 나누는 것이지요.

서효원 박사님은 풀 무더기를 조심스럽게 채집했어요. 이들 식물을 유전학적으로 연구하면 추운 겨울에도 얼어 죽지 않는 농작물을

만들어 낼 수 있대요. 박사님의 연구로 농작물이 개량되면 한겨울에도 파릇파릇한 채소들을 볼 수 있게 될 거예요.

식물의 뿌리 근처에는 작은 곤충들이 살고 있었어요. 풀뿌리가 촘촘히 모여 있는 곳은 다른 곳보다 따뜻하고 먹이를 구하기도 쉽기 때문이지요.

그럼 이제 아저씨가 서효원 박사님과 함께 다산기지 주변에서 발견한 식물을 설명해 줄게요. 이 식물들은 아직은 책에 기록되지 않은 새로운 식물들이에요. 그래서 서효원 박사님은 우리나라 식물도감에서 생김새가 비슷한 식물들의 이름을 따거나, 영어 이름을 일부 변형해서 북극 식물들의 이름을 지어 주셨답니다.

북극의 식물들

북극버들

북극 스발바르 제도의 대표적인 육상식물이에요. 다른 식물과는 달리 줄기가 뿌리와 함께 땅 속에서 자라서 겨울에도 얼지 않아요. 겨울철 순록에게 꼭 필요한 먹이지요.

북극장구채

혹독한 추위에 견디기 위해 한 개체의 뿌리에서 수백에서 수천 개의 가지를 뻗어요. 신기하게도 식물 무더기의 남쪽에서 먼저 꽃을 피우고 나중에 북쪽에서 꽃이 피어서 '나침반 식물'이라고도 불려요.

북극담자리꽃나무

북극 툰드라 지역에서도 특히 건조하고 척박한 지역에 자생하는 대표적인 식물이에요. 해바라기처럼 태양을 따라 꽃의 방향이 바뀐대요.

북극신나물

다른 식물들과는 달리 잎이 유난히 부드럽고 수분을 많이 포함하고 있어요. 신선하고 여린 어린잎은 사람이 먹을 수 있지요. 옛날 북극 지역에 살던 원주민들은 이 풀을 먹고 비타민 C를 보충했대요.

북극자주범의귀

북극지방에는 많은 식물이 자생하는데 범의귀 속으로 분류되는 식물이 특히 많아요. 초여름 북극의 툰드라 지대를 붉게 물들이지요.

북극흰종덤불나무

목본식물로 건조한 지역에서도 뿌리를 길게 내어 자라는 식물이에요.

덤불범의귀

북극자주범의귀와 함께 기지 주변에서 많이 발견되는 식물이에요. 북극 겨울의 혹독한 추위를 견디기 위해 작은 가지들이 뭉쳐 자라요. 땅의 상태에 따라 잎의 색깔이 붉게 변하기도 해요.

북극풍선장구채

빙하 퇴적 지역의 건조하고 척박한 자갈밭에서 주로 자라는데 꽃 모양이 특이해요.
꽃받침이 변해서 풍선모양을 이루는데 종자가 맺고 성숙하는 동안 차가운 북극의 바람을 견디기 위해서래요.

부지런한 북극의 곤충들

김충곤 박사님을 도와 곤충 채집도 했어요. 북극도 남극처럼 곤충이 거의 안 살 줄 알았는데, 남극과 달리 북극에는 많은 종류의 곤충들이 살고 있었답니다.

눈이 녹은 웅덩이에는 작은 좁쌀 크기의 물벼룩 같은 곤충들이 있었고, 옛날 탄광에서 사용했던 나무가 썩은 곳에서는 1cm 크기의 애벌레들이 살고 있었어요. 꽃가루를 옮겨 주려고 부지런히 날아다니는 곤충들도 많이 있었어요.

북극에는 파리와 벌, 나방의 유충과 딱정벌레, 톡톡 튀는 톡토기, 진드기, 거미 등 다양한 종류의 곤충들이 살고 있어요. 김충곤 박사님은 북극에 사는 곤충의 종류가 남극보다 훨씬 많은 이유가 북극의 여름철 기온이 남극보다 높기 때문이래요.
남극대륙은 대륙 전체가 일 년 내내 빙하로 덮여 있어요. 여름에도
남극대륙의 기온은 영하이지요. 하지만 다산기지가 있는 북극
지역은 여름철 최고 기온이 10~15℃ 정도로 비교적 따뜻해요.
그래서 많은 종류의 식물과 곤충이 살 수 있는 것이지요.
북극에 가장 많이 사는 곤충은 파리예요. 김충곤 박사님이 발견한
파리만 해도 10가지가 넘어요.
그런데 이 파리들이 원래부터 북극 땅에
살던 것은 아니래요. 일부는 사람들이
들여온 나무나 음식물에 붙어서 들어왔을
가능성이 크대요. 진드기나 거미 종류도
마찬가지고요. 모기붙이나 작은 벌 등은
북유럽에서 불어온 바람에 실려서 흘러
들어왔을 가능성이 크고요.
북극의 곤충들 역시 식물처럼 몸속에 추위를
견딜 수 있는 동결 방지 물질을 가지고
있어요. 이 물질 덕분에 아무리 추워도 피가

꽃에 앉아 있는 파리

인시목 곤충의 애벌레

얼지 않아요.

김충곤 박사님을 도와 작은 애벌레를 끝이 뾰족한 핀셋으로 잡아 알코올 시험관에 보관하는 일을 했어요. 알코올은 식물이나 동물을 표본으로 만들 때 사용하는 물질이지요. 알코올을 사용하면 동물과 식물의 유전자를 파괴하지 않고 오랫동안 보전할 수 있어요. 알코올 덕분에 북극에서 채집한 동식물 표본을 한국으로 가지고 와서 추위에 강한 곤충과 식물의 유전자를 연구할 수 있지요.

북극 바다의 천사 클리오네

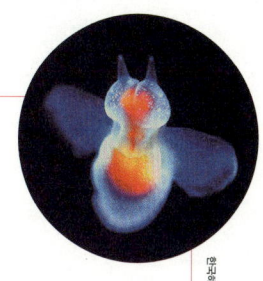

한국해양연구원 부설 극지연구소 제공

한국해양연구원의 김동성 박사님과 함께 기지 앞 바닷가에서 아주 귀여운 바다 생물을 보았어요. 크기는 2~3cm 정도로 소화기관이 다 보이는 투명한 몸에 아기 천사 날개처럼 생긴 지느러미를 갖고 있었어요.

이 바다 생물의 이름은 바로 클리오네랍니다. 지구에서 몇 안 되는 희귀한 바다 생물이지요. 클리오네라는 이름은 그리스 신화 속 바다의 요정 '클레이오'에서 유래된 것이에요.

클리오네는 소라와 같은 고동의 한 종류예요. 껍질을 갖고 태어나지만, 자라면서 껍질은 없어져요. 민달팽이 같이 말랑말랑하고 투명한 속살만 보이지요. 어깨 부분에는 나비 날개

모양의 작은 지느러미가 있어요.
바다 속을 떠다니는 클리오네를 보면 마치 작은 천사들이 하늘을 나는 것처럼 보인답니다. 그래서 클리오네의 별명은 '바다의 천사'예요.
클리오네는 러시아와 일본 사이에 있는 오오츠크해에서 많이 발견되는 생물이래요. 그런데 김동성 박사님이 기지 주변 바다에서 클리오네의 대량 서식지를 발견했지요.
클리오네는 1773년에 영국 국왕이 그린란드에서 배를 타고 고래 탐험을 하다 처음 발견한 것이라고 해요. 클리오네는

차가운 빙하가 녹은 민물과 바닷물이 섞인 곳에서만 살 수 있어요.
그래서 클리오네를 보는 일은 쉬운 일이 아니에요. 클리오네를 봤을
때 소원을 빌면, 소원이 이루어진다는 얘기도 있답니다.
클리오네는 귀엽게 생긴 모습과는 달리, 먹이를 잡을 때는 굉장히
사나워져요. 극지 플랑크톤이나 딱딱한 껍데기를 가진 고동을
귀여운 몸속에 숨겨둔 촉수와 이빨로 잡아먹는 답니다. 하지만
소화가 느려서 1년에 1~2번만 먹이를 먹는대요.
김동성 박사님은 클리오네를 대량으로 번식하는 기술을
개발하고 있어요. 곧 '바다의 천사' 클리오네를 방 안
수족관에서 키울 수 있는 날이 오겠지요?

가장 덩치가 큰 북극고래

북극곰보다 훨씬 더 큰 북극 동물은 누구일까요?

세상에서 가장 큰 동물, 고래이지요. 북극 바다에는 고래가 많이 살고 있어요.

고래는 물고기처럼 물속에 살지만 알이 아닌 새끼를 낳고, 젖을 먹여 키우는 포유류랍니다.

북극고래는 북극해를 비롯해 베링 해, 오호츠크 해와, 태평양 북부와 대서양 북부의 찬 바다에서 살아요. 피부 밑에 두꺼운 지방층이 있어서 차가운 북극해의 얼음물 속에서도 생활할 수 있지요. 이 지방층이 몸 안의 장기를 보호해 주어요. 그래서 30㎝ 두께의 얼음을 깨더라도 끄떡없답니다.

거대한 활 모양처럼 생긴 머리는 몸 전체 길이의 약 40%를 차지해요. 그래서 북극고래를 '활머리 고래'라고도 불러요. 어렸을 때는 꼬리에서 주둥이까지 전체적으로 둥근 모양이지만 자라면서 머리 모양은 넓은 삼각형 모양이 돼요. 둥근 등 위에는 공기 구멍이 있어요. 공기 구멍은 고래가 숨을 내뿜고 들이마시는 통로예요.
북극고래는 멋쟁이 고래예요. 여러 종류의 고래 중에서 수염이 가장 길지요. 몸통은 대부분 검은색인데 간혹 갈색인 것도 있어요. 또 꼬리가 납작하거나 밝은 회색 띠가 그려진 것도 있고요. 참 다양한 모습이지요.

다 자란 고래의 몸길이는 보통 14~15m 정도이고, 대부분 암컷이 수컷보다 크지요.

북극고래는 작은 갑각류나 플랑크톤을 먹고 살아요. 부채처럼 생긴 커다란 꼬리로 바다의 바닥을 쳐서 진흙 폭풍을 일으킨 후, 큰 입을 벌려 바닷물과 함께 수중에 뜬 모든 것을 들이키지요. 그러면 그 속에 있는 갑각류나 플랑크톤이 저절로 입 안으로 들어와요.

북극고래는 여름에는 북쪽으로, 겨울에는 남쪽으로 이동해요. 보통 2마리에서 많게는 5마리까지 무리를 지어 다녀요. 봄이나 초여름에 짝짓기를 하고 얼음 가까이에서 새끼를 낳아 1년 정도 젖을 먹여 키운답니다.

북극고래는 멸종 위기에 처한 동물이라 사냥이 금지되어 있어요. 단, 옛날부터 북극고래를 사냥해 온 에스키모에게만 제한적으로 사냥을 허락했지요. 최근 이들이 그린란드 지역에서 잡은 북극고래의 몸 안에서 1880년대에 만들어진 작살이 발견되었어요. 그래서 전문가들은 이 고래의 나이가 최소한 115살은 넘었다고 보고 있어요. 또 미국의 과학자들이 북극고래의 눈 세포를 분석해서 북극고래는 최소 200살까지도 살 수 있다는 사실을 알아냈지요.

북극고래는 성질이 온순해서 바다의 신사라고 불려요. 그런데 사람들이 고래의 기름과 고기를 얻으려고 고래를 마구잡이로 잡아서 멸종 위기에 처했지요. 세계 여러 나라에서는 북극고래를 잡지 못하는 법을 만들어 고래를 보호하려고 애쓰고 있답니다. 사람의 욕심으로 한 생명체가 지구상에서 영원히 사라지는 끔찍한 일은 일어나선 안 돼요. 여러분도 그렇게 생각하지 않나요?

영양실조에 걸린 회색 고래

북극 회색 고래는 크릴 새우를 제일 좋아해요. 그런데 요즘 지구 온난화 때문에 북극 바다의 크릴 새우 수가 많이 줄었어요. 잘 먹지 못해서 회색 고래가 체형까지 변하고 있다니 정말 큰일이에요.

북극에 사는 사람들

먹을 것도 부족하고 너무 추워서 사람이 살 수 없을 것만 같은 북극지방에도 사람들이 살고 있어요. 예? 이미 알고 있다고요! 그래요, 썰매를 타고 얼음집에서 사는 사람들, 바로 '에스키모'예요.
우리는 북극지방에 사는 사람들을 모두 '에스키모'라고 하는데, 정확히 부르자면 북부 알래스카와 캐나다, 그린란드에 사는 에스키모는 '이누이트', 서부 알래스카와 극동부 러시아에 사는

에스키모는 '유피크'라고 해야
해요. 모두 '인간' 또는 '우리
민족'이라는 뜻을 가진 에스키모어에서
유래된 것이에요.
이들은 사냥을 하거나 순록을 키우며 살아요.
집에서 멀리 사냥을 나갈 땐 하룻밤 임시로
자기 위해 얼음집 이글루를 만들지요.

요즘에는 엔진으로 움직이는 썰매 덕분에 사냥을 멀리 나가도 하루 안에 집으로 돌아올 수 있어서 이글루를 지을 줄 아는 원주민들이 많지 않대요.

이글루는 보통 둥근 모양으로 만드는 데 그 이유는 칼날 같은 북극의 바람이 둥근 부분을 쉽게 빗겨 갈 수 있도록 하기 위해서래요. 만약 이글루가 네모 모양이면 동서남북 사방에서 오는 바람을 고스란히 받잖아요. 또 얼음 덩어리로 집을 둥글게 만들면 짓기도 편하고, 사각형으로 지을 때보다 훨씬 튼튼하대요.

작게 만든 출입구도 이유가 있어요. 외부와 통하는 구멍을 작게 만들어야 찬바람이 적게 들어오고 이글루 안의 온기도 쉽게 빼앗기지 않지요.

자연에 잘 적응하는 에스키모들이 참 슬기롭지요?

그런데 최근 이들에게 큰 고민이 생겼답니다. 북극의 기후가 자꾸 변하고, 북극 아래 지역의 오염 물질이 해류와 바람을 타고 올라와 북극 생태계를 위협하고 있거든요. 남쪽 지방에서 올라온 수은 등의 오염 물질이 북극 동물들의 지방 조직에 쌓이고, 이런 동물을 잡아먹는 사람들의 몸에도 쌓여 중금속 중독 현상이 일어나고 있어요. 실제 에스키모 여성의 모유에서 이 같은 중금속 물질이 많이 검출되고 있대요.

과학자들이 조사한 바에 따르면 캐나다 쪽 북극에 있는 팽너퉁 마을에 사는 여러 동물들이 이미 중금속 물질에 오염이 많이 됐대요. 물고기인 곤들매기, 포유류인 순록과 고리무늬 물범의 간은 중금속 때문에 비정상적으로 딱딱해졌어요. 세계적으로 숫자가 적어 희귀한 흰돌고래도 중금속이 몸에 쌓여 지방의 색깔이 변하고 있대요. 게다가 오염된 자연환경 탓에 순록의 근육과 관절에서 기생충이 발견되고 있답니다. 정말 큰일이 아닐 수가 없어요. 이러다 동물도, 에스키모 그 누구도 북극에서 살 수 없을지도 모른답니다.

이제 북극에서 누가 살 수 있을까?

북극 지역에 사는 400만 명이 삶의 터전을 옮겨야 한다는 북극기후영향평가협회(ACIA) 보고서가 나왔어요. 북극 일대에서 수렵 생활이 갈수록 어려워지고 자외선 증가로 암에 노출될 가능성도 크기 때문이래요.

지구의 기온 상승으로 북극 동물들의 생활이 어려워졌고, 동물의 생존 위기는 에스키모의 삶에도 큰 영향을 끼친답니다. 먹이가 줄어 배고픈 북극곰이 마을의 가축과 사람들을 습격하는 일이 빈번해진 것처럼 말이에요.

지구를 살리는 북극

북극은 지구의 기후에 큰 영향을 주는 곳이에요.
그런데 요즘 북극의 얼음이 빠른 속도로 녹아 사라지고 있어요.
북극의 얼음이 사라지면 지구 전체에 끔찍한 일이 생길 수 있다는데…
지금 북극에선 무슨 일이 일어나고 있는 걸까요?

북극해는 자원의 보고

북극해는 지구 바다의 3.3%를 차지할 정도로 굉장히 큰 바다예요. 이 큰 북극해 밑에는 엄청나게 많은 자원이 묻혀 있어요. 비행기를 타고 다산과학기지로 가다 보니 많은 섬이 까맣게 보였어요. 강성호 대장님께 왜 그런지 물어봤더니 석탄이 땅에 드러나서 그렇대요.

북극해에는 정말 엄청난 양의 석유와 석탄, 천연가스 등의 자원이 매장돼 있어요. 지구에 매장된 모든 원유와 천연가스의 4분의 1이 북극해에 숨겨져 있대요. 게다가 북극해의 자원은 개발하기도 쉽답니다.

석유나 석탄 등 대부분의 천연자원은 수심이 200m 미만인 대륙붕에 주로 매장돼 있는데 북극해 전체 면적의 70%가 바로 대륙붕이지요. 천연자원은 수심이 얕은 바다에 매장돼 있어야

대륙붕이 뭘까요?

대륙붕은 바다에 잠겨 있는 육지의 가장자리로 완만한 경사면을 이루고 있는 수심 200m까지의 해저지형을 말해요. 이 곳에는 바다 생물이 가장 많이 살고 있어요. 작은 바다 생물들이 흔들리는 해초 사이를 떠다니고, 먹이를 찾아 분주히 헤엄치는 물고기 떼를 볼 수 있답니다.

개발하기가 쉬워요. 너무 깊은 바다에 있으면 캐낼 수가 없거든요. 이러한 북극해의 천연자원 덕분에 노르웨이는 석유 부자로 유명해요.

북극 주변에는 지하자원뿐만 아니라 물고기가 많이 잡히는 큰 어장이 있어요. 일 년 동안 북극 주변 바다에서 잡히는 연어와 대구 등의 수산자원은 전세계 총 어획량의 37%에 달하지요. 또한 북극 지역에 사는 미생물들의 연구를 통해 의학과 산업 분야에서 획기적인 발전을 이룰 수 있어요. 다산기지의 과학자 아저씨들도 인간의 장기를 온전히 보전하는 방법과 연료를 효과적으로 이용할 수 있는 방법을 찾기 위해 북극 지역의 미생물 연구를 열심히 하고 있답니다. 북극해를 '미래 지구의 자원보고'라고 하는 이유를 알 수 있겠지요?

남극도 자원의 보고

남극대륙에는 철, 구리, 니켈, 금, 은 등 각종 광물자원이 풍부하게 묻혀 있어요. 또 고체 메탄이란 천연자원도 있는데, 이 자원은 석유와 석탄을 대신할 수 있는 미래 에너지래요. 남극 주변 바다에는 새우의 일종인 크릴도 무척 많아요. 남극에는 지구에 있는 민물의 68%를 차지하는 수자원이 빙하 상태로 있어요. 몸속에서 얼음이 어는 것을 막는 물질을 포함해 저온 효소, 자외선 피해 완화 물질 등을 만들 수 있는 극지생물도 있답니다.

빙하가 녹으면 지구는 힘들어요

다산과학기지에서는 엄청난 크기의 빙하들을 쉽게 볼 수 있어요. 기온이 오르는 여름이 와도 산만한 크기의 빙하는 한 방울도 안 녹을 것 같았지요. 그런데 과학자 아저씨들이 북극의 빙하를 조사한 결과, 최근 100년 동안 빙하가 많이 줄었대요. 기지 맞은 편 섬에 있는 빙하도 불과 10년 만에 1㎢나 녹았어요. 녹은 빙하의 양이 수백억, 수천억 톤도 넘을 거래요.

요즘 들어 북극 지방의 빙하가 녹고 있다는 보고가 점점 많아지고 있어요. 바다 위를 떠다니는 빙하를 유빙(流氷)이라고 하는데 유빙은 바닷물이 얼어서 만들어져요. 그런데 북극해를 차지하는 유빙의 면적이 1979년만 해도 북극해 주변에 800만㎢나 됐는데,

120 지구를 살리는 북극

2005년도에 같은 지역을 조사해보니 535만㎢로 줄었어요. 불과 30년도 안 돼 265만㎢나 줄어들었어요. 서울 여의도 면적이 8.4㎢이니 얼마나 많이 줄어들었는지 알 수 있지요.

과학자들은 지금 속도대로 북극의 얼음이 녹는다면 2060년 여름에는 북극에서 빙하를 전혀 볼 수 없게 될지도 모른다고 해요. 북극의 빙하가 이렇게 갑자기 녹는 것은 바로 지구의 온도가 높아지는 지구 온난화 현상 때문이래요. 지구 온난화는 대기 중에 이산화탄소를 비롯한 여러 기체의 농도가 높아지면서 생기는 온실효과로 인해 일어나요.

온실효과는 비닐하우스를 떠올리면 이해하기가 쉬워요. 지구는 태양으로부터 열에너지를 받아요. 그런데 이때, 땅은 열에너지를 다 흡수하지 않아요. 많은 양을 다시 공기 중에 내보내지요. 그런데 대기 중에 이산화탄소 같은 기체가 많아지면 이들이 마치 비닐하우스의 비닐처럼 땅에서 방출되는 열에너지를 잡아둬요. 이렇게 지구 대기 밖으로 빠져 나가지 못한 열에너지 때문에 지구의 기온이 올라가는 것이에요.

북극 바다가 싱거워요!

지구 온난화의 영향으로 북극 빙하가 녹으면서 북극 부근 바닷물이 싱거워지고 있어요. 과학자들의 연구 결과, 그린란드 일대의 빙하가 녹았기 때문에 바닷물 염분의 농도가 낮아졌대요. 염분의 농도가 낮아지면 바닷물의 순환이 제대로 이루어지지 않아 지구 기후에 큰 영향을 끼쳐요. 많은 사람의 목숨을 앗아간 해일 '쓰나미'처럼 이상 기후 현상을 만들지요.

세계 곳곳에 공장이 세워지는 산업화 과정을 거치면서 과거에 비해 이산화탄소와 같은 온실효과를 일으키는 기체의 발생량이 엄청나게 많아졌어요. 산업 발전의 속도는 점점 더 빨라지고 지구의 온도도 빠르게 올라 북극의 빙하가 녹고 있지요.

그런데 심각한 문제는 이게 다가 아녜요. 북극을 포함한 극지방의 빙하가 녹아 땅이 한번 드러나기 시작하면 이 땅은 얼음으로 덮여 있을 때보다 더 많은 햇빛을 받아들여요. 주변 온도는 더 높아지고, 더 많은 얼음이 녹게 되지요.

지구 온난화는 극지역에만 한정된 문제가 아니에요. 우리나라만 해도 지구 온난화 현상이 심해지면 여름철 무더위가 일어나는 기간이 길어지고 가뭄이나 태풍도 자주 발생하게 돼요.

태풍은 일반적으로 북위 5~25° 사이의 열대지방에 속하는 바다에서 발생해요. 바다 표면의 기온이 27℃ 이상일 때에만 발생하지요. 그런데 지구 온난화로 바닷물의 온도가 더 높아지면 태풍은 더 많은 지역에서 자주 발생하게 돼요. 더운 지역은 더 더워지고 건조해져서 아프리카나 중국 서부 지역에서는 멀쩡하던 땅이 사막으로 변하고 있어요. 이뿐이 아니에요. 홍수도 빈번해지고 흉작과 식수난, 전염병 등 인간의 삶을 송두리째 파괴하는 대재앙이 일어날 수 있어요. 이처럼 지구 온난화 현상은 단순히 대기의 온도가 높아지는 데 그치는 게 아니라 지구의 모습을 바꾸어 놓을 수 있답니다.

어린이 여러분, 지구 온난화를 막으려면 사용하지 않으면서 켜 둔 전등이나 컴퓨터부터 당장 꺼야 해요. 컴퓨터나 전등을 켜 놓으면 전기를 쓰게 되는데, 전기는 석유나 석탄 등의 화석연료를 태워서 만들어지는 것이고, 화석연료를 태울 때는 반드시 이산화탄소가 생겨나거든요. 우리의 생활 속 작은 실천이 지구 환경을 지키는 데 큰 도움이 된다는 것을 잊지 마세요.

지구 온난화를 막는 생활 실천법, 함께 지켜요!
첫째. 가까운 거리는 자동차 대신 걸어 다니거나 자전거를 타요. 둘째. 환한 대낮에 방안 불은 꺼두어요. 셋째. 쓰지 않는 전기 기구의 전선은 뽑아두세요. 넷째. 냉장고 문을 자꾸 여닫지 않아요. 다섯째. 겨울철 방 안 온도는 18℃가 적당해요.

북극은 지금 자원 전쟁 중

북극에서는 지고 석유와 해산물 등의 자원을 두고 세계 여러 나라들이 보이지 않는 전쟁을 치르고 있어요. 그동안 북극은 꽁꽁 언 바다와 그 위를 메운 크고 작은 빙하들로 쉽게 접근할 수 없는 곳이었어요. 그런데 최근 지구 온난화로 21세기 안에 북극해의 얼음이 모두 녹아 없어질 수도 있다는 연구 결과가 나오자 많은 기업과 국가들이 북극지방에 몰려들고 있어요.

얼음이 녹으면 그동안 거대한 빙하 때문에 힘들었던 북극 개발이 지금보다 훨씬 쉬워지게 되거든요. 현재 북극의 바닷길은 1년 중 4개월 정도만 배가 지나다닐 수 있어요. 하지만 북극해의 얼음이 녹으면 배가 지나다닐 수 있는 기간이 8~10개월로 늘어난대요.

그만큼 북극에서 자원 개발을 할 수 있는 시간도 많아지는 것이지요.

북극의 바닷길을 이용하면 나라 간 물자와 사람의 이동 시간도 크게 단축시킬 수 있어요. 그래서 지금 북극에선 자원 개발과 함께 자원을 수송하기 위한 새로운 항로 개발이 이뤄지고 있답니다. 특히 러시아가 북극해의 천연가스와 원목 등을 실어 나르기 위해 항로 개발에 가장 적극적으로 나서고 있어요.

하지만 북극의 얼음이 녹아 자원 개발이 쉬워지고 새로운 항로가 만들어지는 일이 인류에게 꼭 좋은 일만은 아니라고 생각해요. 북극의 얼음이 녹는 일은 그 진행 속도가 너무 빨라서 생태계에 큰 혼란을 일으킬 수 있거든요.

북극 항로의 주인?

북극해를 두고 강대국이 서로 자기 땅이라며 좋지 않은 모습을 보이고 있어요. 최근 러시아는 북극점이 있는 바닷속에 국기를 꽂아 북극해가 러시아 영토라고 주장하고 있어요. 캐나다도 대서양과 태평양을 연결하는 북극해 서쪽 항로를 지나려면 캐나다의 허가를 받아야 한다고 해요. 북극해 대부분은 주인이 없는 공해인데도 말이에요.

지구의 기후를 만드는 북극

북극은 북극해와 북극해를 둘러싼 8개국(러시아, 미국, 캐나다, 핀란드, 노르웨이, 스웨덴, 덴마크, 아이슬란드)의 일부를 포함한 지역이에요. 그래서 이들 나라의 협조 없이는 북극에 접근도, 개발도 할 수 없어요.

이런 이유로 우리나라는 북극해 자원 개발을 위한 국제 공동 연구에 동참할 수 있도록 준비하고 있어요.

2002년 4월 북극 다산과학기지의 문을 열고 북극의 지질과 기상, 해양 및 생태계를 조사하는 것도 이 때문이지요. 그리고 이를 통해 북극 지역 나라들과 우호적인 관계를 맺고 있답니다.

우리나라의 과학자들이 가장 열심히 연구하는 분야는 생명과학 분야예요. 이 중 지구 환경 변화에 민감하게 반응하는 북극해의 식물 플랑크톤 연구를 활발히 하고 있지요. 식물 플랑크톤은 크기가 보통 100㎛(마이크로미터) 정도로 아주 작아요. 1㎛는 1cm를 10,000개로 나눈 크기예요. 이렇게 작지만 식물 플랑크톤은 북극

2007년은 '국제 극지의 해'

2007년부터 2008년은 '국제 극지의 해'예요. 극지는 지구 환경 변화에 가장 민감하게 반응하는 곳이라 지구 온난화를 연구하는 데 가장 좋은 곳이에요. 그래서 남극과 북극의 지구 환경 변화를 관측해서 지구 온난화의 비밀을 풀기 위한 국제 공동 연구를 하고 있지요. 우리나라도 이 세계적인 연구 활동에 참여해요.

해양생태계를 유지하는데 아주 중요해요.

예를 들어 식물 플랑크톤의 수가 줄면 식물 플랑크톤을 먹고 사는 동물 플랑크톤의 수가 줄고, 또 동물 플랑크톤의 수가 줄면 이것을 먹고 사는 물고기의 수가 줄어요. 물고기를 먹고 사는 물개의 수도 줄고 결국은 먹이사슬의 가장 높은 곳에 있는 북극곰도 먹을 것이 없어서 살 수 없게 되지요. 그래서 1차 생산자인 작은 식물 플랑크톤의 변화를 살피는 일을 잠시도 소홀히 할 수 없지요.

북극의 빙하나 눈에 서식하는 미생물과 미세조류들에 대한 연구도 중요해요. 미래의 새로운 물질을 개발하는 데 유용한 자원이거든요. 영하 50℃의 북극 얼음 속에서 사는 미생물이나 돌말류와 같은 미세조류가 갖고 있는 천연 결빙 방지 물질을 연구하면 인체의 장기 및 혈액, 줄기세포 등의 냉동 보관이 가능해져 생명공학 연구에 큰 도움이 되지요. 식품들을 오랫동안 싱싱한 상태로 냉동 보관할 수도 있고요.

지구 최후의 날 저장고! 스발바르 국제 종자 저장고
노르웨이 정부는 북극 스발바르 제도 스피츠베르겐 섬에 핵전쟁이나 소행성의 충돌 같은 대재앙이 지구에 닥칠 때를 대비해 식량을 확보할 수 있는 저장고를 만들고 있어요. 북극점으로부터 1,000km 떨어진 바위산 속에 지어질 저장고는 빙하가 다 녹아도 잠기지 않을 높이에 있어요. 축구 경기장 절반만 한 크기로 핵무기 공격에도 견딜 수 있고요. 벼 10만 종과 바나나 1,000종을 비롯해 양귀비의 작은 씨앗부터 코코넛의 큰 씨앗까지 200만 종의 다양한 씨앗이 보관된대요.

북극은 남극과 함께 '지구의 기후를 만들어 내는 곳'이라고 불릴 만큼 기후 변화에 영향을 주는 중요한 곳이에요. 그래서 다산기지에서는 장기적으로 지구의 환경이 어떻게 변화하고 있는지 알기 위해 북극권에서의 오존 감소와 기온 상승에 따른 해빙(바다 위에 떠 있는 빙하) 감소 및 기류변화 등을 조사하고 있습니다.

다산기지에서 만난 사람들

북극 다산기지가 있는 니알슨 과학 기지촌에는 노르웨이 사람들이 많이 근무하고 있었어요.
요리사와 기지 관리인은 물론이며 사람들이 다닐 길을 만들거나, 기지의 하수를 처리하는 배관공 아저씨까지 모두 노르웨이 사람들이었어요.
그 중, 항상 맛있는 요리를 만들어 준 요리사 킴과 사격 훈련을 해 준 사격 교관 아저씨가 가장 기억에 남아요.
요리사 킴은 아기였을 때, 노르웨이에 입양된 한국인 청년이에요.
킴을 만났을 때 나는 마음이 조금 아팠어요. 자신을 낳아준 부모를 떠나 피부색이 다른 사람들과 어울려 살면서 힘들지 않았을까

걱정이 되어서요.

하지만 언제나 우리에게 굉장히 맛있는 음식을 만들어 주는 킴의 밝고 당당한 모습에 걱정은 싹 달아났지요. 킴이 참 대견했답니다.

사격을 가르쳐 준 노르웨이 아저씨도 참 멋있었지요.

다산과학기지에서는 언제 나타날지 모르는 북극곰의 공격을 당하지 않도록 채집 활동을 하러 나갈 때는 총을 가지고 다녀야 해요.

그래서 총 쏘는 법을 배워야 하죠.

사격 교관하면 단정한 옷에 절도 있는 모습이 떠오르는데 기지촌에서 만난 교관 아저씨는 언제나 가죽 재킷에 가죽 바지를 입고, 가죽 슬리퍼를 신고 다녔어요. 처음엔 사격 교관인 줄

몰랐어요. 하지만 사격을 가르치는 솜씨만큼은 정말 훌륭했어요.
그리고 사격 훈련을 받은 여러 나라 사람들 중 한국 사람들이 가장 실력이 좋다고 말해줘서 기분이 참 좋았답니다.
우리나라 사람들은 어딜가든 참 칭찬을 많이 받는 것 같아요.
외국의 건설 현장에서 일하는 우리나라 사람들이 부지런해서 다른 나라 사람보다 더 많은 일을 해낸다는 칭찬을 종종 듣잖아요.
참 자랑스럽고 뿌듯한 이야기예요.
여러분도 분명 오늘 해야 할 일을 내일로 미루지 않고 열심히 하고 있지요?

북극은 앞으로 어떻게 변할까?

북극 여행이 즐거웠나요?

다산과학기지를 떠날 때는 그리운 아버지, 어머니, 형, 누나, 그리고 친구들이 있는 한국으로 돌아간다는 생각에 즐겁기도 했지만 한편으로는 다산기지에 다시 오기 어려울 거라는 생각에 서운하기도 했어요.

나중에 북극을 다시 찾아온다고 해도 빠르게 변하는 기후 때문에 지금의 북극 모습은 다시 볼 수 없을지도 모른다는 걱정을 하기도 했어요.

어린이 여러분, 지금 북극은 커다란 위기에 처해 있어요. 앞에서 얘기했지만 지구 온난화로 빙하가 빠르게 녹고 있거든요.

북극의 환경이 갑작스럽게 변하는 것은 지구 전체에 무섭고 끔찍한 결과를 가져올 수 있어요.

지구 온난화를 막기 위해서는 프레온 가스나 석유 같은 화석연료의 사용량을 줄여야만 해요. 화석연료를 쓸 때 발생되는 이산화탄소가 지표면에서 방출되는 열을 대기 중에 붙잡아 둬서 지구의 온도를 높여요. 프레온 가스를 쓰면 지구를 보호하는 오존층이 파괴돼서 태양 빛이 그대로 들어와 지구는 점점 더 더워져요. 게다가 오존층이 사라지면 지표면에 들어오는 자외선이 증가해 사람들의 피부암 발생률을 높이고요. 그래서 많은 나라들이 프레온 가스의 사용을 줄이기로 약속을 했답니다.

위기에 처한 북극의 자연을 지키기 위해선 북극에 사는 동물들을 함부로 잡아서도 안 돼요. 연구를 목적으로 사로잡는 동물도 최대한 줄여야 해요. 자연 생태계는 한번 파괴되면 복원되는데 수백 년이 걸려요. 그런 점에서 볼 때 많은 나라들이 고래를 잡지 않기로 약속을 한 것과 북극곰의 터전을 보전하기로 한 일은 지구를 위해서, 그리고 지구의 모든 생명체를 위해서 매우 바람직한 일이고 앞으로 더 노력해야 할 일이에요.

무분별한 자원 개발도 해서는 안 돼요. 지금 나라마다 자원 확보를 위해 북극 연구에 뛰어들고 있지만 이것이 과연 지구 전체를 위해 옳은 일인지 생각해 봐야 해요. 북극해 밑에 있는 석유와 석탄 등을 꺼내 쓰면 잠깐 동안은 에너지를 풍족하게 이용할 수 있어도 이 때문에 벌어지는 환경 파괴는 결국 사람들이 사는 지구 전체를 망가뜨릴 수도 있으니까요.

어린이 여러분이 훗날 어른이 되었을 때도 아저씨가 한 얘기를 꼭 기억해 줬으면 좋겠어요.

교과부, 문광부, 환경부가 우수도서로 인증한

토토 과학상자 시리즈

우리나라 과학 전문 필자가 우리 어린이의 눈높이에 맞춰 쓴 과학책!
생물 지구과학 물리 화학 등 모든 과학 분야의 기본 원리를 친절하게 알려줍니다.

    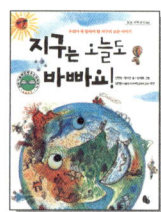 

  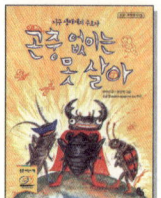   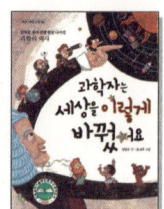

  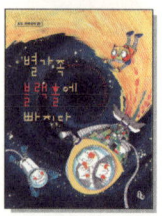   

 〈토토 과학상자〉는 24권까지 모두 나왔습니다.
홈페이지 www.totobook.com 에서 과학퀴즈를 풀고 상품을 받으세요.